罗忠毅

中华先烈人物故事汇

军事科学院解放军党史军史研究中心

学习出版社

中华先烈人物故事汇《罗忠毅》编委会

目 录

Contents

引 子

在江苏溧阳西山烈士陵园，长眠着一位从荆楚大地走出来的革命先烈。“忠实、坚定、勇敢、负责，艰苦缔造苏南根据地功绩卓著”，这是人们对这位先烈的赞誉。他就是奋战在抗日前线直到生命最后一刻的新四军抗日名将——罗忠毅。

罗忠毅，原名宗愚，小名福娃。1907 年 4 月 15 日出生于湖北省襄阳县襄城二郎庙街一户贫民家庭。9 岁发蒙私塾，5 年后插班到县立模范高等小学读三年级。

1924 年年初，襄阳爆发名震全国的“二师学潮”。罗忠毅随同老师和同学们一起走上街头，游行示威，散发传单，积极参加当地学联领导下的各种活动，置身于火热斗争浪潮中的他开始向往革命。

1927年7月，冯玉祥部国民革命军第2集团军第14路军第12师进驻襄阳，师长高树勋组织开办“中山军事政治学校”，招募青年学生，罗忠毅投笔从戎，成为这所军校的一名学生兵。

1930年，中原大战爆发，冯玉祥战败。罗忠毅所在部队被蒋介石改编为第26路军，他升任排长。1931年春，第26路军被调往江西“围剿”红军和革命根据地。同年12月，第26路军在宁都起义，罗忠毅随1.7万余名官兵一起被编入中国工农红军第五军团，成为一名红军战士。1932年，加入中国共产党。因作战勇敢，冲锋在前，在红军中先后担任排长、连长、营长、团长等职。

1934年10月，中央红军主力长征后，罗忠毅留在闽西南坚持游击战争，曾任闽西南第一军分区司令员、闽西南游击队北线第一纵队司令员。

1937年，全国抗日战争爆发后，南方各省红军和游击队改编为国民革命军陆军新编第四军（简称新四军）。闽西等游击队改编为新四军第2支队，罗忠毅任该支队参谋长。

1938年，新四军第2支队奉命北上至皖南，后又东进至苏南敌后。至1939年1月，罗忠毅协助第2支队副司令员粟裕指挥了小丹阳、水阳、官陡门等战斗，开辟了以茅山为中心的苏南抗日根据地。

为统一协调与指挥，1939年11月，新四军第1、第2支队领导机关合并，成立新四军江南指挥部，罗忠毅任参谋长。

1940年二三月间，新四军江南指挥部决定组建新的第2支队，罗忠毅兼司令员。7月，江南指挥部率主力北渡后，罗忠毅留在苏南，担任新组建的江南指挥部指挥（第2支队对外仍称江南指挥部）。他带领所部3000余人，在敌顽夹击的艰苦斗争环境下，坚持了苏南敌后斗争。

皖南事变前后，罗忠毅全力护送皖南新四军军部先遣北移人员和事变中突围人员的安全转移，为保存革命力量作出重大贡献。

1941年春，罗忠毅任整编后的新四军第6师参谋长兼第16旅旅长。5月下旬，罗忠毅和师长兼政委谭震林共同率第16旅在溧阳县黄金山三战三捷，成为新四军挺进苏南后“空前第一次之运动战”。

1941 年 11 月 28 日，日伪军 3000 余人突袭溧阳塘马村，罗忠毅在掩护苏南党政机关转移时壮烈牺牲，年仅 34 岁。

01 投身革命

宁都起义入红军

1931 年，罗忠毅迎来人生中一个重要的十字路口。在刚刚过去的那一年的中原大战中，冯玉祥的西北军兵败，罗忠毅所在的第 26 路军被蒋介石收编。罗忠毅因作战勇敢，战后被第 27 师师长高树勋提拔为排长。对于军人来讲，军衔、职务的提升既是对个人能力的肯定，也预示着今后更好的发展前景。

但此时的罗忠毅不但没有半分喜悦之情，反而眉头紧锁，有种说不出的压抑感，很想找人诉说点什么。可是找谁呢？一番思索，罗忠毅想到一个人，这个人就是他的堂兄罗亚民。此时的罗亚民在第 26 路军总指挥部担任机要科译电员。两人从小一起长大，无话不谈，罗忠毅简单收拾一下，即独自前往总指挥部。

一到总指挥部驻地，罗忠毅就直奔罗亚民的房间而去。伴随着“咚！咚！咚！”的敲门声，罗亚民打开房门一看，居然是自己堂弟罗忠毅，赶紧将他迎进屋里。

“忠毅，你怎么有空来我这里了，你们最近不是挺忙的吗？”罗亚民一边说一边倒茶给罗忠毅。

罗忠毅一边喝水，一边答：“哥，我最近有些事情想不通，所以想和你说说。”

罗亚民点点头，道：“说吧，我给你出出主意。”

罗忠毅一脸正色道：“哥，我当初加入冯玉祥的西北军，不就是被中山先生的‘三民主义’所吸引，希望改变中国贫穷落后，被列强宰割的命运吗？当初冯副司令说蒋介石违背中山先生遗训，背叛革命，成了大地主大资产阶级的代言人，号召咱们打倒蒋介石，可蒋介石宣传是冯副司令背叛了革命。这场战争直到结束，我也没想明白，这样打来打去，到底谁才能代表革命？我只看到在战争中百姓流离失所，饿殍遍野，我都怀疑，我们还是拯救百姓的革命军人吗？”

“忠毅，你观察得很仔细。咱们跟蒋介石之间的战争，已经不能说是革命与反革命之争，我感觉像是回到了北洋军阀那个时代，就是军阀间互相兼并而已，没人真正关心百姓的死活，更不用说改变中国人民的命运了。”罗亚民也是一脸沉重地回道。

罗忠毅眼神一片黯淡，低声道：“难道我们国家、民族的命运就改变不了吗？我们还要像父辈一样受地主、洋人的气吗？”

罗亚民没有说更多的话，只简单地回答道：“这种情况总有一天会改变的，相信我。”

没有得到确切的答案，罗忠毅有些失望，他只是默默地点点头。在罗亚民那儿匆匆吃过午饭，罗忠毅就返回驻地了。

不久，蒋介石为了达到清除异己、调虎离山和借刀杀人的目的，命令第 26 路军由北方开到南方的江西参与“剿共”。

接到命令，第 26 路军总指挥孙连仲率领部队星夜兼程，赶往江西。

当时很多士兵都不愿远离家乡，对部队远途调遣非常抗拒。罗忠毅对红军一点都不了解，也不清楚为什么一定要南下“剿灭”红军，但作为军人，他又必须服从上级命令。

就这样，带着不解、迷茫和无奈，罗忠毅来到了江西。

在蒋介石的部署下，高树勋率领第 27 师朝小布、龙冈一带活动，意图合围红军。此时担任第 81 旅交通兵团排长一职的罗忠毅，正驻守在宁都，而未随军参战。

没多久，就传来师部和第 81 旅在永丰县中村被红军重创的消息。从逃回来的士兵口中，罗忠毅了解到，江西的百姓心向红军，自己所在部队的一举一动，老百姓都通报给红军，这仗根本没法打。

罗忠毅陷入沉思，红军怎么就那么得到当地百姓支持？我们的部队怎么就这么不受老百姓待见？这其中的原因在哪里？罗忠毅百思不得其解，内心更加苦闷。

就在罗忠毅内心苦闷、找不到出路之时，他

的堂哥罗亚民来到了罗忠毅的驻地。看着一脸消沉的罗忠毅，罗亚民立马明白怎么回事了，就硬拉着罗忠毅在营区附近散步。

趁着四周无人，罗亚民一脸严肃地说："忠毅，你觉得红军怎么样？"

罗忠毅有点诧异，但还是说道："听与红军交过手的士兵说，红军战斗力很强，部队很有凝聚力，他们跟当地百姓的关系特别亲密。"

"你可知道，为什么会这样？"

"我也想不明白。"罗忠毅一脸迷茫地说道。

罗亚民见时机成熟，正色道："那是因为他们是共产党领导下的队伍，他们的宗旨就是一切为了人民，所以当地百姓跟他们亲如一家。这点是他们与国民党政权的本质不同，所以，这次部队失利也是情理之中的事情。"

"共产党？一切为了人民？"罗忠毅似乎看到了一丝光亮。

"哥，你接着说。"罗忠毅急促道。

"共产党信奉的是马克思主义，这个主义强调无产阶级专政，目的是推翻一切剥削压迫阶级，带领贫苦大众过上幸福的共产主义生活。蒋介石抛弃了中山先生的三民主义，站在了人民的对立面。当今社会，只有共产党才能领导全国人民建设一个没有剥削和压迫的新中国，才能结束我们受西方列强欺凌的历史。”

堂兄的话如一粒石子投入罗忠毅的心田，他开始有所触动。自己一直苦苦思索的救国之路，原来就在眼前啊！他激动地问道：“哥，这些你是怎么知道的？为什么不早点给我说？难道你是共产党员？”

“忠毅，之前因时机不成熟，我怕适得其反，所以没有告诉你，现在已经到了苏区，我才敢告诉你。我现在还在党的考察期，所以严格说来还不算是党员。”罗亚民笑着说。

罗忠毅赶紧朝周围看了看，说：“哥，要不你带我投奔共产党、投奔红军吧？”

“忠毅，我正有此意，但不是带你一个人，而是整个第 26 路军。所以，有些工作需要交给你去做，不知道你能不能完成？”罗亚民严肃说道。

“哥，你说吧！”罗忠毅回应道。

罗亚民点点头，说："你需要发动更多的下级军官和士兵，让他们不要为蒋介石卖命，劝说他们发动革命起义，投奔共产党，投奔红军。"

"可以。不过我有点担心，如果没有上层军官的支持，单凭我们这些下级军官和部分士兵能把起义发动起来吗？"罗忠毅将内心的疑虑讲了出来。

罗亚民听完，说："忠毅，你放心，上层军官的工作，我们有别的同志负责，只要你把我交代的任务完成，对革命就是一个大贡献。"

"那好，我现在就回去办。"罗忠毅边说边往营区走去。

由于罗忠毅为人朴素诚实，又乐于助人，平日里就和许多下级军官、士兵相处融洽。这种便利条件，再加上罗亚民在旁指导，罗忠毅很快就做通了一批军官和士兵的工作，他们决定不再受蒋介石的窝囊气，一起跟着罗忠毅发动起义投奔红军。

第 26 路军原是一支受过大革命影响的部队。大革命失败后，大批公开的共产党员虽然先后离开了该部，但是大革命的影响、中国共产党的影响在这支部队仍然存在，党的工作、党员的活动也一直没有停止过。第 26 路军第 73 旅旅部参谋刘振亚是党中央指定的该军党的特别支部书记，第 26 路军总指挥部参谋长赵博生到宁都后经党中央批准成为中共党员。

赵博生与第 73 旅旅长董振堂、第 74 旅旅长季振同及该旅第 1 团团长黄中岳经过一段时间的秘密酝酿，策划与红军取得具体联系后，趁第 26 路军总指挥孙连仲和第 27 师师长高树勋不在部队的有利时机，举行起义。

1931 年 12 月 14 日下午，第 26 路军按计划举行起义。早就迫不及待的罗忠毅一接到命令，立刻带领自己的队伍加入起义的洪流中。

15 日清晨，起义部队通过宁都城东的梅江河桥，在宝塔下的河滩上集合。赵博生走到队伍前面，宣布："弟兄们，我们的暴动成功了！我们就再也不受蒋介石的欺骗了，我们马上要开到苏区当红军去，同红军兄弟一起抗日救国。"随后，赵博生和董振堂带头扯掉国民党军的帽徽和领章。队伍里立即响起惊天动地的口号声，罗忠毅和其他起义的士兵振臂高呼："打倒军阀！""打倒蒋

介石！”……

当天起义部队即顺利开进至苏区宁都城东约40公里的固厚圩。苏区百姓得知消息后，热烈欢迎罗忠毅等起义将士的到来，他们走到哪里，哪里就有夹道相迎的苏区人民。人民群众端茶送水，腾屋让房，把最好的东西送来慰问部队，罗忠毅感受到一股从未有过的温暖，这里有一种家的感觉，他知道自己的选择是正确的，暗下决心一定要成为一名优秀的红军战士，帮助全国百姓都过上幸福生活。

赣州之战首立功

1932年1月，根据中共临时中央“首取赣州，迫吉安”的指示，中革军委下达进攻国民党重兵把守的赣州的作战命令，把主力红军和地方武装分为主作战军、支作战军和机动部队，分别负责攻城、打援和发展新苏区地方工作。以红三军团和红一军团第 4 军组成主作战军，担任攻城打援任务；以江西军区、闽西军区的 6 个独立师为支作战军，以红一军团第 12 军和红五军团协和作为机动部队，任命彭德怀为主作战军前敌总指挥。

赣州是连接赣、粤两省的军事要地，三面环水，易守难攻，素有“铁赣州”之称。驻扎该城的是国民党军第 12 师第 34 旅（两个团 3000 余人）及由赣南 17 个县地主武装组成的民团指挥部（共 17 个大队，5000 余人枪）。城北一带有国民党军 5 个师，城南赣粤边有广东军阀的十几个团，均能随时增援赣州。

听到要攻打赣州的消息，身为排长的罗忠毅非常兴奋，他参加宁都起义，加入中国共产党的队伍，为的就是改变近代中国军阀割据、民不聊生的现状，这次说什么也不能错过。

罗忠毅赶紧去问连长：“连长，咱们连队都在议论，说红三军团要开拔去赣州打国民党军了，咱们红五军团是不是也要出征啦？”连长说：“忠毅，刚接到上级指示，这次攻打赣州之敌，咱们红五军团暂不出动，主要还是做好整训工作。”

“连长，为什么不让咱们也参加？我们排的战士们，都想去打国民党呢。”罗忠毅面带失落地说。

连长严肃道：“罗忠毅同志，中革军委让咱们原地整训，自然有上级的考虑。咱们现在要做的就是加强军事训练，为以后打击国民党军做准备。你回去后，好好给你们排的战士们讲，加紧训练，以后有的是机会参战。”

罗忠毅调整了一下情绪，觉得连长说得有道理，于是赶紧带着战士们投入更加紧张的军事训练。

2 月 4 日，红三军团先头部队抵达赣州城郊，占领赣州城东门外的天竺山和小南门外的白云山。6 日，红三军团部队全部到达城郊，将赣州包围。

2 月 13 日和 17 日，红三军团两次爆破攻城，均未成功。23 日，红三军团发起总攻。这一次，红军一度攻占城楼，但在国民党守军的反扑下，第三次攻城仍没有成功。

赣州久攻不下，国民党援军源源不断赶来，红三军团已处于腹背受敌的境地。

正在休养中的毛泽东接中革军委急电后，立即赶赴前线参与决策。他提议起用起义才两个月、作为预备队的红五军团，以解红三军团之围。

中革军委接受毛泽东的建议，决定派红五军团赴前线参战。

接到作战命令后，连长连忙召集各排排长传达上级指示。罗忠毅听到红三军团进攻赣州受挫，部队损失较大的消息后，赶紧说："连长，我排战士准备好了，可随时出发。"

连长点点头，面色凝重地说："忠毅，赶紧给战士们做动员工作，这次咱们面对的是武装到牙齿的国民党军精锐部队，告诉战士们，做好恶战准备。"

"是，连长。"罗忠毅回答道。

罗忠毅火速回到排里，向战士们传达道："同志们，刚接到上级的命令，第三军团攻打赣州不利，中革军委需要咱们军团紧急驰援，连长说这次面对国民党军的作战会很艰难，你们有信心克服困难、战胜敌人，为战死的战友报仇吗？"

战士们听后，群情激奋道："排长放心，我们一定狠揍国民党军，为死难战友报仇。"罗忠毅欣慰地点点头。

2月下旬，红五军团第13、第14、第15军向赣州疾行，并在中革军委的指示下，迅速进驻潭口、储潭、大湖口一线，沿河阻击敌军，牵制敌军有生力量，为红三军团尽快攻克赣州创造条件。

不承想，国民党守城部队仗着周围援军众多，突然主动出击，将在城下的红三军团第1师团团围住。红三军团因连日苦战，人困马乏，面对如潮水般涌来的敌人，只能奋勇抵抗，两军展开了激烈的白刃战。

正在红五军团第15军的罗忠毅听到第1师危急的消息后，内心十分焦急，他迫切想带战士们赶紧去赣州城下支援，但听到中革军委只指派红五军团第13军前往增援的指令后，他立刻冷静下来，"远水解不了近渴，第13军离赣州城距离最短，确实是支援的最好选择。眼下当务之急是把更多的敌人吸引到潭口，这样才能减轻第13军的压力，为解救第1师创造条件。"罗忠毅心中默念道。

与此同时，国民党援军也想趁机消灭正在潭口的第15军，以便与守军一起夹攻第1师等部。面对数倍于己的敌军，罗忠毅十分冷静沉着，他告诉手下的战士们："同志们，千万不要慌张，听我指挥，等敌人靠近了再打，咱们要努力把敌人拖在潭口，减少第13军增援的压力。"

正说着，敌人就朝着罗忠毅所在方位的阻击阵地实施猛烈的远程炮火打击，罗忠毅赶紧组织战士躲避，等待敌人的冲锋。果然，一阵炮火打击后，敌军几个连的兵力朝罗忠毅他们冲来。罗忠毅提醒道："同志们，赶紧把子弹上膛瞄准敌人，我说打再打。"待到敌人离前沿阵地还有50米时，罗忠毅大喊一声："打！"一阵密集的枪声响后，敌人倒下一片，但剩余之敌仍继续向前冲锋，红军战士也不断倒下。

罗忠毅不顾个人安危，拿起一挺轻机枪，跳出战壕，向迎面而来的敌军猛烈扫射。周围战士在罗忠毅的感染下，也跳出战壕朝对面的敌军冲去。子弹打完了，罗忠毅他们就拔出大刀跟敌军进行白刃战，经过一番殊死搏斗，终于打退了敌军的进攻。

待敌人撤退之后，罗忠毅计上心头，赶紧清点了一下战士，准备运用迂回包抄、偷袭的战术。

罗忠毅利用地形作掩护，带着十几个战士偷偷摸到敌人的侧面，向毫无防备的国民党军开火。

敌人当时都惊呆了，他们不敢相信，刚经过一场血战的红军，居然回过头来就对他们进行偷袭。他们原本想休息一下，实施第二次攻击，还没等明白是怎么一回事，便遭到弹雨的袭击，伤亡过半，不得不仓皇而逃。

由于第 15 军指战员的拼死阻拦，第 13 军顺利将身陷重围的第 1 师解救出来，粉碎了敌人围歼的图谋。

罗忠毅因作战勇敢、机智灵活，不仅受到营长、连长的称赞，还得到了上级的嘉奖，战后他便升任为连长。

龙岩战斗立新功

1932 年 3 月中旬，在红三军团攻打赣州无果后，中共苏区中央局决定将罗忠毅所在的第 15 军划归红一军团建制，由红一、红五军团组成中路军，红三军团和湘赣、湘鄂赣苏区地方武装组成西路军，两路军“夹赣江而下”向北发展，相机夺取赣江流域的中心城市，以完成革命在江西省的首先胜利。随后，中革军委决定中路军改为东路军，临时到福建活动一个时期，巩固闽西，筹措经费。尔后集中东西两路军，继续夺取赣江流域中心城市。

毛泽东根据当时的形势发展情况，经过认真思考，向苏区中央局建议以东路军夺取漳州。苏区中央局接受了毛泽东的建议。此后，毛泽东以中华苏维埃共和国临时中央政府主席的身份，率东路军执行攻取漳州的任务。

守备漳州的是国民党军第 49 师张贞部，该师非蒋介石嫡系部队，无论人员构成还是火力配置都较差，是红军理想的突破口。但要攻打漳州，必须要拿下龙岩。龙岩是漳州西北方向的重要据点，龙岩失守，红军就可以直扑漳州城下。为此，第 49 师在龙岩部署了两个多团的兵力。争夺龙岩，就成为红军攻打漳州战略的重要一环。

在毛泽东的率领下，罗忠毅所在的第 15 军昼夜疾驰，于4月6日晚到达小池，第44师师长苏进令部队集结待命，准备进攻小池守军。身为连长的罗忠毅赶紧检查本连战士装备，叮嘱战士们夜间行动纪律，以待进一步的命令。

不一会儿，师长苏进召集营以上指战员开会，商议作战计划。听到团、营长要去参会的消息，罗忠毅赶紧找到营长说："营长，我们连的战士都憋坏了，他们都特想打这一仗，为后续战斗开个好头。"

营长看着求战心切的罗忠毅，笑着说："忠毅，是你想打首战了吧？"罗忠毅听后，不好意思地挠了挠头。

营长接着说："放心吧，咱们团都想第一个攻打小池，但任务能不能落到咱们团头上，还得看大家商议的结果，你继续做好战前动员工作，待有消息我会告知你。"

"是，营长。"罗忠毅答道。

经过一番激烈的争论，师长苏进决定由第131团担任首战的主攻任务，其他部队准备下一阶段的作战任务。

会议一结束，营长就找到罗忠毅传达上级命令。罗忠毅的内心有点小失落，说：“营长，咱们团战斗力也不比131团差，为什么不让咱们主攻呢？”营长笑了笑，说：“忠毅，你的心情我能理解，攻打小池只是咱们15军攻占漳州的一个小阶段，下面有更加难啃的硬骨头在等着呢。”

听完营长的话后，罗忠毅平复了一下内心的情绪，赶紧返回连队，动员战士为下一阶段战斗做准备。

4月7日凌晨，第131团按照计划向小池守军发动猛烈的进攻。面对第131团的强攻，国民党军依托防御工事，负隅顽抗。第131团团长袁血卒组织数次强攻均告失利。打红了眼的袁血卒亲率大刀队杀了上去，经过一番惨烈的白刃战，守敌战斗意志崩溃，纷纷逃窜。第131团乘胜追击，全歼小池守军。

听到第131团全歼敌人的消息，罗忠毅在为战友感到高兴的同时，内心也迸发出强烈的斗志。他跟全连战士都迫切等待一个战机。

不到3天，机会就来了。4月10日，师长苏进率领第44师主力部队向考塘进攻，敌第291团凭险据守，红军多次强攻失利，战士损伤不少。

师长苏进亲到前线观察敌军阵地后，决定组织一支突击队进行突击。正在战斗的罗忠毅听闻消息后，主动请缨出战。

苏进说："罗忠毅同志，现在有很多同志请战，你说说，你的优势在哪里？"

罗忠毅正色道："首长，我参军已有5年，中间参加了不少的战斗，我的战争经验要比其他同志更丰富，这次突击行动风险极大，需要老同志带队，所以，我认为自己较为适合领导突击小队。"

苏进听完后，没有第一时间表态，他经过一番思考和比较后，觉得罗忠毅确实是不二人选，于是对罗忠毅说："罗忠毅同志，现在战况紧急，你有信心完成这项任务吗？"

看着苏进期待的眼神，罗忠毅坚毅地回答："首长放心，我保证一定完成任务。"

苏进说："那好，这项任务就交由你负责，你马上跟突击战士一起行动吧。""是，首长。"罗忠毅回道。

时间紧迫，罗忠毅将担任突击任务的战士们聚到一起，说："同志们，咱们这次行动就是要打掉守军的重机枪火力，为我后续部队进攻扫清障碍，行动过程中，必须听我指挥，大家明白吗？"

战士们异口同声道："明白！"

"出发！"罗忠毅命令道。

在罗忠毅的率领下，战士们一个个小心谨慎，在山岭下、树丛后，小心移动，等他们全部到达预定攻击位置后，守军还没有发现他们的踪迹。罗忠毅趁机带着战士们继续前移，此时距离敌人的防御阵地只有 30 多米，罗忠毅暗示战士们小心隐蔽，等待命令。与此同时，按照计划，师长苏进组织部队再次发动进攻，以吸引敌人的注意力，掩护罗忠毅他们的行动。

敌人果然上当，他们的注意力完全转移到防御红军主力部队进攻上，无暇他顾。罗忠毅见时机成熟，大喊一声："打！"刹那间几十颗手榴弹同时飞进敌人战壕，炸得敌人血肉横飞，守军前沿数个重要火力点全被罗忠毅他们炸哑。紧接着，罗忠毅端起枪，站了起来，边开枪边喊："同志们，冲呀！”

正面进攻的部队，也趁机发动冲锋，仅仅十几分钟，敌人防线便被攻破，守敌四处逃散。第 44 师乘胜追击，一举攻占考塘，逼近龙岩城。

此时，军长黄中岳、政治委员左权正率领第 15 军第 43 师向龙岩城守军发动猛烈进攻。敌第 145 旅龟缩在城头碉堡里，依靠机枪火力压制红军攻城部队。第 43 师久攻不下，战士伤亡不轻，黄中岳、左权非常着急。

紧要关头，正好苏进率领第 44 师赶到，他赶紧向黄中岳提议，组织突击队，炸掉敌人的碉堡。黄中岳同意后，苏进推荐罗忠毅担任突击队长，并将罗忠毅在考塘战斗中的表现告知黄中岳。

黄中岳召来罗忠毅说：“苏进已经把你的情况告知我，你表现得很英勇，现在我将炸掉敌军碉堡的任务交予你完成，你有没有信心？”

罗忠毅十分冷静，说：“首长，请您放心，我保证完成任务。”说完，罗忠毅就赶紧跟突击队一起行动去了。

在我军火力掩护下，罗忠毅带领突击小队，冒着枪林弹雨，一步步靠近敌人城下，待敌人有所察觉时，罗忠毅已带着战士躲到城墙下的壕沟里。他一面观察敌情，一面说："同志们，把手榴弹5个捆成一团，等会靠近碉堡时，我喊扔，你们再将手榴弹扔出去，听明白了？"战士们齐声答道："明白！"

罗忠毅依托壕沟的遮掩，迅速靠近敌碉堡，待到堡下，罗忠毅喊道："扔！"几捆手榴弹准确地落入碉堡内，一声巨响后，敌碉堡被炸塌。罗忠毅领着突击队员，如法炮制，一会儿就将敌人的几个碉堡都炸掉。失去火力支撑的守军，再也抵抗不住第15军的攻击，纷纷后撤。第15军战士趁机冲进龙岩城内，与敌人展开了巷战，敌旅长眼见大势已去，带着100多名残兵由南门出逃。

第15军顺利占领龙岩，为南下进攻漳州扫清了障碍。罗忠毅在战斗中多处受伤，门牙也被撞掉，但看到红军如此受龙岩百姓的欢迎，罗忠毅流下了英雄泪，他觉得一切付出都是值得的。

历经考验终入党

自宁都起义以来，罗忠毅一直有个梦想，那就是加入中国共产党，特别是部队整训期间，中革军委选派大批有部队工作经验、出国留过学的同志去红五军团担任各级政治委员，对部队进行思想改造。

罗忠毅所在的连队也成立了党支部，支部成员不断在连队士兵中进行党和红军的宣传。

作为排长的罗忠毅，找到连支部书记说："书记，我看到咱们连支部的党员正在士兵中发展党员，我也想加入共产党。"

支部书记听完来意后，一脸严肃道："罗忠毅同志，你想加入共产党的心情可以理解，但是，入党是要接受党组织考验的，你现在对我们党的了解还不够，思想也没经过改造，目前还无法发展你入党。"

罗忠毅很郁闷，自己参加起义，投奔苏区，不就是奔着党去的吗，现在来到党的怀抱却无法加入，这可真是让人气恼。

支部书记看出了罗忠毅的情绪，安慰道："忠毅同志，只要你加强学习，好好改造自己的思想，我们党组织会发展你的。"

听完书记的话后，罗忠毅沉思了一会儿说："书记，你说得对，我太着急了，接下来我会认真改造自己的思想，加强对党和红军的认识，争取早日入党。"

没多久，罗忠毅被选送到瑞金红军中央军事政治学校学习。教员在课堂上详细讲解红军的宗旨、性质、任务，同时还讲到了马克思、列宁、十月革命、社会主义和共产主义，罗忠毅听得如痴如醉，他从来没想过，原来马克思等人已经给受人宰割的中国指明了一条光明的道路，原来党的使命是要带领中国人民实现共产主义，彻底改变中国受压迫受奴役的命运。

在课下，中革军委又组织罗忠毅等起义官兵到党政机关、红军学校以及部队驻地去参观学习，让他们亲眼看一看红军是如何生活、工作、学习的。

经过一段时间的现地教学，罗忠毅思想发生了巨大的转变。以前在冯玉祥的部队，上级打骂下级、克扣下级军饷非常普遍，更为严重的是，整个部队基本没有精神追求，战士们打仗的目的就是混口饭吃，更不要提什么主义了。而在红军部队的参观学习中，罗忠毅看到了红军不同于国民党军队的精神风貌。

当时，罗忠毅在参观一个红军基层连队时，看到一个房间里聚集了一个班的战士，有个班长模样的人在给大家讲解，屋里面不断伴随着你来我往的讨论声。罗忠毅好奇地走进去，屋里的战士都看向他，班长热情地向周围战士介绍说这是红五军团参观学习的同志，大家鼓掌欢迎。看着大家真挚的目光和热烈的掌声，罗忠毅紧张的情绪得到缓解，他在后面找个位子坐下，仔细聆听。

原来，这位班长正在给战士们讲马列主义和红军的关系，讨论结束后，罗忠毅向班长请教道："班长，你们这种讲理论课程，是普遍现象吗？

为什么要在基层连队讲授马列主义，对战士有何影响？”

班长热情地给罗忠毅介绍道：“罗同志，这是我们党建军以来的传统，我们每个班基本上一个星期要组织一次有关马列主义的学习和讨论，目的是让战士们知道，我们党是无产阶级的政党，我们党的使命是解放全国劳苦大众，通过学习让战士们提高政治觉悟，自觉抛弃以前的封建残余思想。”

“我们以前所在的国民党军，还是靠封建制度来维持的旧军队，军官只向我们灌输个人效忠思想，体罚和打骂非常普遍，更别提什么阶级觉悟了。”罗忠毅感慨地说道。

班长听完，点点头说：“罗同志，你们起义投奔党、投奔红军，这就是阶级觉悟的体现，只要你加强无产阶级理论学习，积极改造自己的思想，要不了多久，你就会知道，只有党才是代表百姓利益的政党，也只有党才能改变中国的命运。”

罗忠毅深以为然，除了完成日常的军事体能训练外，他将大部分时间用来阅读马列主义著作。随着了解的加深，他越来越意识到，国民党的“三民主义”、国民党军的种种陋习，都说明国民党政权不可能代表人民的利益，也不可能改变当今中国悲惨的命运。越是对比中国共产党、对比红军，这种反差就越强烈。看着红军官兵一致、军民一致的原则，罗忠毅越加认识到，自己当兵多年，如今才算找到真正的出路。

就在罗忠毅思想不断蜕变，不断向党靠拢时，赣州战役爆发，红五军团也奉命南下参战，罗忠毅在赣州战役和之后的龙岩战斗中处处以党员标准要求自己，特别是在战斗中冲锋在前，撤退在后，起到了很好的带头作用。这一切党组织都看在眼里、记在心里。战斗结束后，团长找罗忠毅谈话，说：“罗忠毅同志，你虽然不是党员，但在战斗过程中，你起到了模范带头作用，已经具备入党的条件，你愿意加入共产党吗？”

此时的罗忠毅十分激动，但他还是冷静说道：“团长，我觉得自己离成为一名共产党员还有不小的差距，我希望组织上能再多考察我一段时间。”

“忠毅同志，你的思想转变、战场表现，组织是非常了解的，这次我代表党组织与你谈话，其实也是想发展你成为入党积极分子，这只是入党的第一步，后面还有很多考验等着你。”团长说道。

罗忠毅一听，敬了个军礼道：“团长，我愿意成为入党积极分子，请组织继续考察我。”

1932年4月，中央红军发起漳州战役。在攻打漳州的战斗中，罗忠毅率领一个连的战士向守城敌军发动猛烈攻击，好几次，敌人射出的子弹从罗忠毅身边擦过，但罗忠毅置生死于不顾，第一个冲出战壕跟敌人展开白刃战。在罗忠毅的感染下，连队的战士都舍生忘死，冲向敌军。经过一番激战，漳州守军全线溃逃，红军顺利地占领了漳州。

鉴于罗忠毅的出色表现，战后他被提拔为营长。

几天以后，团长再次代表组织和罗忠毅谈话，他说：“罗忠毅同志，鉴于你这段时间的表现，组织上认为你已经符合一个党员的基本要求，现在正式批准你为正式党员。”

罗忠毅紧握拳头，脸上洋溢着开心的笑容，说：“团长，谢谢组织对我的肯定，我今后会严格要求自己，处处发挥党员的模范带头作用。”不久，

罗忠毅和其他同志，一起站在党旗前，庄严宣誓：“严守秘密，服从纪律，牺牲个人，阶级斗争，努力革命，永不叛党。”

面对党旗，罗忠毅神色庄严。他已决心将自己的一生交给党，为了党的目标，奋斗终身，矢志不移。

有了奋斗目标的罗忠毅，更加豪情万丈，随时准备迎接新的挑战。随后，罗忠毅在战斗中不断成长。1933 年后，罗忠毅调任福建军区司令部任作战科长兼连城、宁化、龙岩军分区参谋长，参加了中央苏区第四、第五次反“围剿”作战。

02 三年游击迎曙光

虎口脱险

1934 年 9 月，随着中央苏区第五次反“围剿”局势的恶化，中共中央为了保存红色政权的有生力量，决定实施战略转移。为减轻中央红军的压力，福建军区所属红军武装不顾势单力孤，坚决执行中央的军事决策，留守中央苏区，坚持游击战争，以完成牵制敌军、助力中央红军转移的战略目标。

中央苏区红军主力战略转移后，国民党军集中兵力，加大对福建军区主力部队第 19、第 20

团的“围剿”力度，福建地区的红色力量大有被国民党军队全歼之势。情况万分危急，时任福建军区第三分区副司令员兼参谋长的罗忠毅，毅然响应福建军区化整为零、开展游击战争的决策。

1935 年 1 月，罗忠毅率领第 2 军分区机关和红 9 团第 1、第 3 营及明光独立营，由龙岩、连城、宁洋根据地向上杭、永定地区转移。为了躲避国民党军队的侦察和沿途地方武装及民团的骚扰，部队往往白天躲避休整，晚上连夜行军。有一天晚上，罗忠毅率领部队通过龙长公路时，从大池方向开来了两辆大卡车，马达轰响，车灯将公路照得如同白昼。很多战士根本不知道汽车是个什么洋玩意，这时候看见公路上疾驰而来的汽车都傻眼了，都忘了要隐蔽。幸好炊事班的战士赶紧提醒，大部队才赶紧疏散隐蔽。由于连日行军打仗，战士们非常疲劳，待国民党军队的汽车过去后，很多战士就席地而睡，罗忠毅看在眼里急在心里。战士们已极度疲惫，再不组织休息，部队可能就会失去战斗力。但现实情况是，部队还处在国民党军队、地方团练等反动武装的包围圈之中，早一点转移到上杭、永定地区，部队才能早一点转危为安。

“怎么办？怎么办？”罗忠毅来回踱步，一月份的福建已经十分湿冷，而衣着单薄的罗忠毅头上却滚下滴滴热汗。“不能再拖延了，部队必须立刻休整。”罗忠毅作出决定后，立刻命令分区机关、明光独立营、红9团团部等军政干部和武装人员立刻返回附近的盘金岩、天池塘一带的山沟子里隐蔽休息。

第二天早上，国民党军队又派出两架侦察机在大池、天池塘、盘金岩一带上空盘旋侦察。飞机发出巨大的轰鸣声，使得不少没见过飞机的战士恍然不知所措。罗忠毅就赶紧向战士们宣讲，飞机就是在空中飞行的一种侦察工具，大家只要注意隐蔽，它是发现不了我们的。待国民党军队的侦察机飞走后，罗忠毅赶紧召集各部干部开会，以商谈部队下一步的行动计划。会上，大家各抒己见。

“敌机来侦察，看来敌人已经发现了我们部队的行踪，估计这几天他们可能增兵大池，来阻挡我们通过公路。”明光独立营营长贺万德说。

“你讲得很有道理，敌人不仅是想阻挡我们通过公路，而且有想就地歼灭我们的企图，我们要赶紧跟先头部队取得联系，以便互相支援，打破敌人的包围圈。”罗忠毅讲道。

事有凑巧，罗忠毅话音刚落，先头部队的孔繁正参谋就到了。孔参谋把先前部队的位置和周围的敌情向罗忠毅作了汇报。孔参谋还特意提到先头部队的吴胜团长说，会派两个连在茫荡洋山脚下掩护罗忠毅部的突围。此时，经过多方情报的搜集，罗忠毅对龙长公路周围的敌情有了明确的判断。他决定指挥部队晚上再通过龙长公路，这样可以减少部队的伤亡，也能发挥部队夜战的特长。

晚上，罗忠毅再次召开干部动员会，并在会上公布了行动计划。他说：“通过各种情报信息的分析，我估计国民党军队晚上有很大可能会继续封锁龙长公路，以图将我部阻滞在该地区，而达到进一步围歼我部的阴谋。因此，今天晚上我们可能会遭到敌人的顽强阻击，如果部队遇到敌人，要敢于开火，打开敌人的前沿封锁，为大部队后续通过创造条件。现在部队分成两个梯队，我亲自率领两个连队为第一梯队，贺万德等人带两个连和分区机关为第二梯队。两个梯队前后行动，互相照应。”

待到午夜，罗忠毅率领的第一梯队官兵已接近大池，敌人夜间巡守的哨兵借着月色清晰可见，罗忠毅明白想完全偷摸越过敌人的防线看来是不可能了，只剩下强攻这一条路了。此时，敌方的哨兵也发现了罗忠毅所部，赶紧开枪示警。敌人没料到罗忠毅部会选择此时突围，因而部队组织混乱，官兵在黑夜中胡乱地朝前方开枪。罗忠毅抓住敌人自乱阵脚的机会，立刻命令所属第 2 连派一个排向敌军开火，来吸引国民党军的注意力，以达到掩护第二梯队通过龙长公路的目的。在罗忠毅的指挥下，其他部队人员沿着公路旁边的水沟迅速通过公路。罗忠毅见作战目的已经达成，赶紧率领剩余战士通过公路。敌人这时已经回过神来，紧追不舍。为了使刚突围出去的部队更加安全，罗忠毅率领第一梯队的战士们利用夜色的掩护，不断阻击蜂拥而至的敌人。经过一昼夜的交火，罗忠毅所部摆脱了敌人的围堵，并与先前突围而出的第二梯队会合。在罗忠毅的率领下部队有惊无险地到达了此次军事行动的目的地——上杭茫荡洋游击根据地。

将计就计破“围剿”

1935年4月以后，国民党军疯狂“围剿”闽西南地区的红军游击队。当时担任闽西南第一作战分区司令员的罗忠毅率领红9团第2营、明光独立营、闽赣军区第17、第18团余部在岩连宁地区开展武装游击，艰难求生。

形势危急，罗忠毅立即召集分区政委方方、副司令员兼参谋长邱尚聪、政治部主任温含珍等人开会。会上，罗忠毅忧心忡忡道：“国民党‘围剿’部队和地方民团对咱们步步紧逼，特别是在我们活动区域四周，不论是城镇还是乡村，不论高山还是要道，都布满了炮楼和碉堡，敌人企图以此来围困我们，全面进攻我们。咱们必须化整为零，方可求得生存。”

政委方方听后，道：“老罗，你说得很对，咱们要做的就是保存实力，再图后举。特别是现在，部队过于集中，机动灵活性就会变差，很容易被敌人围剿。”

罗忠毅点点头，讲道：“确实如此，敌人为了对付咱们，搞连坐法、计口购粮、购物等办法，强迫群众与我们分开，我军现在筹粮、筹款已经十分困难，要养活那么多人，根本做不到。当前最好的办法就是将部队分成三股，分别去打游击，这样生存下来的希望更大，也更不容易被敌人围歼。”

“老温、老邱，你们两个有什么想法？”罗忠毅接着道。

温含珍、邱尚聪两人互看了一眼道：“我们同意你跟方政委的分析，那我们下面要怎么具体执行呢？”

罗忠毅沉思了一会儿，说道：“我计划让第2营向敌人的后方永安、清流交界处打游击；明光独立营前往连南、宁洋山地活动，主要任务是打击当地的团匪，联系群众、建立根据地；司令部则带着警卫排、通信班、侦察班在龙岩一带与敌人周旋，趁机在岩西北建立新的根据地。”

“大家有什么看法？”罗忠毅讲完问道。

方方、温含珍、邱尚聪异口同声：“司令，这个计划可行，那么这3支队伍谁具体负责？”

“我跟方政委负责司令部，老温负责明光独立营行动，老邱负责第2营行动。”

大家没有异议，在计划通过后，就各自率队开始行动。

待老温、老邱离开后，罗忠毅找到方方：“方政委，我觉得咱们不能被动防御，得主动出击才行。敌人主力咱们暂时动不了，但可以打击周围的民团，这样才能跟群众建立联系，改善咱们的生存环境。”

方方听后说：“老罗，你这个提议可行，咱们可以派侦察员去侦察周围民团的动静，找个有利时机，狠狠地教训他们一顿。”

说干就干，罗忠毅立刻派政工人员前往周围民团据点活动，刺探情报。

与此同时，罗忠毅率部驻扎在大罗坪的消息已被国民党军获知。为了围歼罗部，国民党军制定了详细的计划：白沙驻1个团，向罗部驻地大罗坪进击，并拦阻红军出击漳平；雁石驻1个团，向天宫山搜索，防止罗部突过十八乡与独8团联络；溪口驻1个团，向赤高坪焦洋坑进攻，以防止罗部向连南转移。

就在敌我双方都在积极谋划之际，7月底，在雁白公路活动的黄治平参谋率领侦察班的战士伏击了国民党第10师的一个通信排，截获了一份绝密文件。

黄治平赶紧安排战士将文件送回司令部。罗忠毅拿到文件后，仔细一看，原来这是国民党军准备对我司令部进行“围剿”的作战计划，进攻时间定在8月。罗忠毅通知警卫员把方方喊来商议。

待方方看完后，罗忠毅眉头紧锁，问道：“你怎么看？”

“这份文件看来应该是真的，不过从敌人的部署上看，他们并没有摸清咱们主力在什么地方，敌人这是想敲山震虎，把咱们周围的主力部队都往大罗坪赶，意图聚而歼之。”

罗忠毅点了根烟，抽了一口道：“我跟你的判断是一致的，咱们不能上敌人的当，不能和敌人打仗。我认为咱们要把队伍布置在外线隐蔽整训，以待机找敌弱点；同时也应防备敌人可能突然对我主力发动突袭。”

方方接着说：“你说得没错，我建议部队以班排为单位，这样便于分散和集中，较为适合当前战斗的要求。另外，各单位可以另组小部队出击活动，迷惑敌人，咱们司令部仍在驻地跟敌人周旋，以便指挥全局。”

“就按你的这个提议办，不过在敌人进攻前，咱们还要做好周围群众和‘土匪阿哥’的工作，让他们给敌人散布假消息，使敌人更加难以掌握咱们的活动轨迹。”罗忠毅接着说道。

“你这个提醒很重要，必须把群众和‘土匪阿哥’的工作做好，他们就是咱们的眼睛，通过他们，可以监视敌人的一举一动，更方便咱们展开活动。”

经过一番商议后，罗忠毅和方方分别去做群

众和“土匪阿哥”的工作去了。

罗忠毅带着警卫员来到附近的乡镇，召集乡保长、士绅开会，教育他们如何应付敌人。罗忠毅讲道：“各位乡亲，你们不要怕，如果敌人要你们报告‘匪’情，你们就说部队从某方向去了，敌人要是让你们出具甘结，你们就和他赌咒说辖内并无‘匪’踪。我们的行动会和你们所说的话配合，使敌人没有借口为难你们。”

一个年长者走出来说：“首长，你们给我们打土匪，帮我们收庄稼，整理房屋，我们都看在眼里，放心吧，我们一定会按你们说的办。”

在罗忠毅做完群众工作的同时，方方那边也得到“土匪阿哥”的承诺。现在就等国民党军来“围剿”了。

8月中旬，敌人果然依照原定计划，向着罗忠毅所在的第一作战分区扑来。罗忠毅和方方按照之前的计划，让出内线，让敌人去扑空山头。

此时，敌人因集中兵力“进剿”，据点只有一些民团在镇守。罗忠毅等待的机会终于到来。他命令黄治平参谋带着侦察班和警卫排在雁白公路伏击巡守的雁石民团中队。等了几日，该民团又从雁石出发巡路，进入我军伏击圈，在黄治平的指挥下，我军很快全歼了这个为虎作伥的地头蛇。

另一边，罗忠毅集中力量佯攻白沙，然后又分出一部分兵力去骚扰雁石，同时还让乡保长向敌人报告晚上发现大批红军经过的假消息，来调动敌人。

因罗忠毅率队跳到了敌人的外围，敌人在山上进剿了七八天还是没有找到红军的踪迹。士气正低落时，后方又传来红军进攻白沙、雁石的消息，各路敌军感觉后方不稳，纷纷撤退，这次“围剿”也就不了了之。

罗忠毅的空城计，不但粉碎了敌人的进攻，还趁机歼灭雁石民团1个中队，击毙中队长，缴获枪数十支，沉重打击了周围民团的嚣张气焰。群众都说：“红军的计划真好，下了命令把敌人调走！”连“土匪阿哥”也说：“司令真是孔明先生，我们现在打仗有了红军作靠山，不怕了！”

溪口战斗鼓士气

1935 年 9 月，闽西地区第一作战分区主力部队明光独立营，被国民党军第 10 师包围在龙岩万安梅子坪。营长贺万德在突围中壮烈牺牲，队伍也被敌人冲散，战士们各自为战。经过罗忠毅、方方两个月的搜寻才找到 130 余人，整个主力部队损失了一大半，部队士气低落。

罗忠毅看在眼里急在心上，他找到方方说："因明光独立营遭受重大损失，很多战士战斗情绪低落，对将来我们必然取得胜利的信念不足，这样下去，部队很容易散掉。"

"是啊，老罗！只有打几个胜仗才能提高战士们的战斗情绪，才能提高战士们对未来取得胜利的信心。"方方边擦拭眼睛边说。

罗忠毅说："最近的情报显示，敌人大部队已撤，留在周围的部队不到 1 个团，这正是咱们打出新局面的一个好机会。”

方方点点头，说道：“你这个想法很好，不过，我还要补充一点，不能为了打仗而打仗，咱们必须加强群众工作，这样才能创造出一个新苏区来。”

罗忠毅沉思了一会儿，说：“老方，你的提议很重要。只有加强群众工作，咱们才能有充足的兵员和物质保障，才能更好地反击敌人的‘围剿’。”

两人经过一番讨论后，立即召开会议，商议下一步的行动计划。会上，罗忠毅说：“我跟方政委商量过了，作如下分工，大家看有没有意见。第一，我跟邱尚聪、刘汉带部队，去宁洋、连城、清流几个县的边界活动；第二，老温率领部分武装去贴长、梅花十八洞开展工作；第三，方政委跟黄治平参谋及通信班，在老区附近收集情报、筹集粮食，居中策应。”

待罗忠毅讲完后，邱尚聪说：“老罗，咱们为什么不在溪口镇活动，而要前往宁洋这几个县界活动呢？”

“是这样，现在敌人大部队回撤，周围县界守备空虚，正是咱们扩大活动区域的机会。在这三个县界活动，一是方便补充物资给养，二来可以鼓舞民心，三则可以提高士气。”罗忠毅解释道。

邱尚聪听后说：“这个计划我赞成。”

“我们也赞成。”刘汉、温含珍异口同声地说。

罗忠毅见大家都赞成，就嘱咐大家赶紧下去行动。

在罗忠毅的率领下，一些被国民党刚刚武装起来的新民团很快被消灭，部队的士气有所恢复，但危机依然存在。

罗忠毅对当前的局势心知肚明，他不断在思考对策。这一天，在战士们歇宿后，他将刘汉、温含珍喊到身边，说：“咱们最近是消灭了一些新民团，战士们的斗志有所提升，但我们也要看到，这些新民团人数少、武器差，消灭他们不足以扩大咱们在群众中的影响力，这对取得群众支持是很不利的。我觉得接下来咱们要消灭一些比较大的、在群众中臭名昭著的民团才行。”

刘汉听完后，说：“司令，你的分析很有道理，确实，只有打掉一些罪大恶极的大民团，才能使部队从革命低潮中走出来，才能鼓舞周围群众的革命热情。”

“司令，我同意你和刘汉的看法，只有消灭一些大民团，才能打碎国民党编造消灭我军的谎言，使群众重新恢复革命信心。咱们周围有不少的民团，该选择哪一个作为咱们行动的目标？”温含珍接着说道。

“最近我一直在思考这个问题，今天才有了个初步的决定，你们看看合不合适。”罗忠毅回道。

“那你说吧。”两人答道。

罗忠毅整理了一下思路，然后说：“我想杀一个回马枪，消灭万安乡公所溪口镇民团。该民团烧杀掳掠无恶不作，周围百姓恨之入骨；而且该民团人数众多，如果消灭他们，不但可以获得不错的物资补给，还能大大提高部队士气，更为重要的是周围群众会更加坚定地跟咱们站在一起。”

“司令讲得很对，以我对周围敌情的了解，溪口镇这个民团，仗着国民党军撑腰，最为强横，很多民团也怵他们，更不用说当地百姓了，消灭他们，不但可解百姓之困，而且可震慑其他民团，这确实是一个好选择。”刘汉接着说道。

罗忠毅见大家都同意，就接着讲：“兵法上说，知己知彼，百战百胜。既然要打，就要搞清溪口镇民团的虚实，我决定派几个侦察员前往侦察，待有确切情报后，咱们再商量下一步的计划。”

“好的，那就探听出虚实之后再动手。”两人同声道。

就在侦察员连夜赶往溪口镇侦察的同时，罗忠毅加紧对队伍进行整训，为后面的战斗做准备。

几天后，前往溪口镇侦察敌情的同志安全返回。正在训练队伍的罗忠毅赶忙上前询问，侦察员敬了个军礼说：“首长，经过这几日的侦察，我们发现溪口镇民团有 100 余人，步枪百余支，机枪两挺，他们平日都聚集在大土楼据点里，平常也会出去巡街。我们还从群众口中得知，平常国民党军很少前往溪口镇，镇里的防务主要由民团负责。”

罗忠毅听完后，立刻让警卫员喊来刘汉、温含珍等人商议。待众人都到场后，侦察员将情况又复述了一遍。

刘汉先发言：“司令，照这样看的话，我觉得攻打溪口镇民团的把握是很大的，虽然溪口民团有兵力 100 多人，但咱们队伍有 200 余人，兵力是民团的两倍，而且敌人在明我们在暗，只要战前计划周详，完全可以全歼守军。”

“我同意刘汉的说法，但我有点担心，你也知道闽西南地方民团建造的土楼都异常的坚固，土楼上还有枪眼，民团既可登楼观察远处敌情，又可凭楼固守，这个问题不解决，有可能既歼灭不了敌人，又招来敌人的援军，那么咱们的作战目的就无法达成。”温含珍将心中的想法和盘托出。

罗忠毅点点头，说：“你们对敌情的分析及其担忧都是有道理的。不过，只要咱们把战斗计划定得足够详细，执行过程足够坚决，是可以取得咱们想要的结果的。至于老温你担心如何攻克土楼的问题，我反而觉得不用太担心，你们也知道，我跟着张鼎丞主席参加过陈东坑攻坚战，当时卢坤喜民团龟缩在四角楼里负隅顽抗，为了攻克四角楼，我们想了很多方法，最后派战士携带炸药，才把四角楼炸塌。这次溪口镇民团的土楼跟四角楼差不多，都是楼高墙厚，只有炸药才能将其炸毁，所以到时候只要我们让战士们将楼炸毁，敌人就会不战而降。”

听完罗忠毅的一席话，刘汉、温含珍悬着的心总算落地了。接下来几个人就具体作战细节进行了商讨。待一切商量妥当后，罗忠毅率领队伍昼伏夜出，悄悄地向目的地溪口镇靠近。经过几个夜晚的赶路，终于赶到溪口镇附近，由于是白天，罗忠毅组织队伍就地隐蔽，以待晚上发动进攻。

天色逐渐变黑，敌人在土楼里开始生火做饭，负责监视的同志赶紧向罗忠毅报告敌人的动静。罗忠毅沉思了一会儿，再次将刘、温两人叫来做最后的叮嘱。

罗忠毅说：“老刘、老温，敌人两座土楼相距不远，等会咱们兵分两路，各自主攻一座土楼，让敌人无法互相支援，记住了，一定要告诉执行爆破任务的战士们，等部队开火，吸引敌人注意力的时候，再开始行动。”

“放心吧，司令，我们一定会按计划进行。”两人答道。

到了夜里 11 点，土楼里的敌人很多都睡着了，只有几个岗哨在楼顶无精打采地巡守。与此同时，趁着夜色掩护，罗忠毅率领队伍很快靠近了其中一座土楼，准备进攻。

按照计划，罗忠毅挑选出几个战士担任爆破员，并亲自叮嘱队员们应注意的爆破事项。待一切就位后，罗忠毅喊了声："打！"一串愤怒的火焰从战士的枪膛中发出，在土楼上巡守的敌人应声倒下。而在土楼里的敌人慌忙从被窝里钻出来，有的连裤子都没来得及提，就从土楼里的枪眼处向外面盲目射击。

在一旁待命的爆破队员，趁机赶紧冲到敌人的土楼外面，准备实施爆破。由于事发突然，守敌完全不知所措，他们透过枪眼看到有人冲到了土楼外，但因红军攻势凶猛，守敌也不敢派人出楼应战，只是一味在土楼里防守。爆破队员赶紧在土楼下面挖坑，然后将炸药埋好引爆，一声巨响，土楼被炸开一个大缺口，楼里面的机枪声也炸哑了火。

"同志们，冲啊！"罗忠毅端着枪，第一个朝土楼冲了过去，战士们也紧跟罗忠毅的步伐朝敌人冲了过去。

敌人哪里见过这种阵势，早被吓破了胆，纷

纷朝土楼四周逃窜。而刘汉、温含珍也成功地炸掉另一座土楼并全歼了守军。

由于计划周密，罗忠毅部仅用半个小时就全歼了溪口镇民团 100 余人，缴获步枪、轻机枪百余支。此战震惊了驻上杭的国民党军第 3 师，他们赶紧派出两个团来增援，但又怕遭罗忠毅部袭击，敌在溪口游荡一周便仓皇撤退。周围民团一看国民党军“围剿”部队灰溜溜地跑了，也被吓破了胆。为求自保，他们再也不敢随意欺凌周围群众，附近群众的革命热情也因此重新燃起，部队在岩连宁地区的处境有所好转。

乘胜追击战小池

1936 年 6 月 1 日，两广事变爆发。为了镇压两广事变，蒋介石将正在闽西南“围剿”红军的第 10 师李默庵部、第 3 师李玉堂部、第 9 师李延年部、第 36 师宋希濂等嫡系部队调往两广战场，国民党军在岩连宁地区的“驻剿”兵力已经十分空虚。敌人知道自己兵力不足，于是采取了守点整训的策略。

与此同时，在罗忠毅率领下的第一作战分区部队，由于取得一连串的胜利，战士们的战斗热情高涨，都想趁国民党战略收缩的机会打几个漂亮仗。

此时的罗忠毅并没有被队伍里这种乐观情绪所感染，他依然十分冷静。作为指挥员，越是在形势利好的时候越要保持冷静。看着训练场上战士们高昂的斗志，他思考到当前的局势虽然对部队的发展很有利，但正如他跟政委方方在会上讨论的那样，部队还是太弱小了，作战对象不能放在国民党正规军上，民团是最好的作战对象，既可以获取资源，又可以提高部队影响，只有在部队发展到一定程度时，才能把消灭“驻剿”的国民党军作为重点打击对象。

同时，罗忠毅也很清楚，就算是国民党“驻剿”兵力大为减少，但从实力看也是全部占优。更为棘手的是，部队依然处于敌人的包围圈中，当务之急应该趁国民党兵力不足之际，打破敌人对第一作战分区部队的包围分割状态。

就这样，罗忠毅一边整训部队，一边在想破局之道，为此经常彻夜不眠。警卫员见此情景既心疼又无奈。

一天夜里，再次无法入眠的罗忠毅，起床点亮煤油灯，仔细端详铺在桌子上的地图。罗忠毅一边看一边思考，要想摆脱敌人的“围剿”，扩大生存区域，现在可行的办法就是打通岩、杭与岩、永地区，使游击区连成一片，这样才能使部队转危为安。这其中的关键就是小池，只要拔掉小池据点，部队就可以在岩杭永三角区域畅通无阻地活动了。

经过一夜的思考，罗忠毅决定拔下小池这根钉子。他立刻派侦察员前去小池侦察敌情，同时派人与龙岩县委、龙岩游击队取得联系，准备双管齐下，一举拿下小池。

几天后，罗忠毅收到侦察员传回来的情报，情报上写着：经查，现驻扎小池的是敌第3师第16团一个连和一个营部，有枪几十支，机枪一挺。

看完情报，罗忠毅心里一松，这仗可以打，

敌人兵力较少，也没有重武器，应该能全歼守军。想到这，罗忠毅一面传令侦察员继续侦察守军动静，一面集合队伍准备出发。

1936年9月22日，罗忠毅亲率部队从前村出发，彻夜急行军，等赶到小池时天已微亮。在此等候多时的侦察员，赶紧将小池守军这几天的活动作了简要汇报。

生怕敌情有变的罗忠毅在听完侦察员的报告后，立即指示第1、第2支队成员进入预设阵地，同时命令一小部分担任警戒打援的部队去往南边隐蔽待命。

此时接到罗忠毅命令的龙岩游击队也赶到了，队长廖堃金一见罗忠毅，立马敬了个礼，说："司令，请给我们安排任务吧。"罗忠毅笑了笑，紧紧握着廖堃金的手，正要说话时，龙岩县委书记吴作球也赶来了。

罗忠毅一看人都到齐了，赶紧就地召开会议。会上，罗忠毅说："吴书记、廖队长，你们两个熟悉龙岩周边的情况，看看有什么好的办法引蛇出洞。"

廖堃金说："罗司令，敌人在小池的守军不多，据我了解也就是1个连左右的兵力，他们最近因大部队撤离，害怕被咱们游击队打击，所以也不怎么出据点活动。"

"罗司令，你既然说到引蛇出洞，那是不是你有办法？"吴作球反问道。

罗忠毅笑了笑，接着说道："吴书记，我还真有一计，就是不知道敌人会不会中计。"

吴、廖两人一听，赶紧催问："罗司令，你的计谋是什么？"

罗忠毅也就不卖关子了，赶紧说道："我派出去的侦察员探察到距小池据点五六里路的地方，有一个小村庄，村庄里有敌人的一个密探，经常向村民打探红军、游击队的消息，然后向敌人告密。我得到消息后，昨天就派二支队几个同志前去那个密探家借宿，然后让他们故意泄露自己的游击队身份和主力部队的去向，要是不出意外，这个密探今天清晨应该去小池向敌人报信了。"

吴、廖听完，说："罗司令，你这个计划绝对可行，小池的敌人肯定想'剿灭'咱们邀功，这次估计八九不离十会倾巢出动。”

“这会还说不准敌人会不会上当，现在只能等。”罗忠毅接着说。

廖堃金说：“罗司令，我们相信敌人肯定会来，请给我们安排任务吧。”

“那好，老廖，你们游击队熟悉周围地形，你带着队员埋伏在五峰山西南一侧，断敌后路，并相机消灭可能向西逃窜之敌。我率领主力部队埋伏在东南侧担任主攻，你现在就带领队员赶紧就位，一切听我号令行动。”

“是，司令！”廖堃金说完，立刻带着队伍往西南方向走去。

时间一分一秒过去，罗忠毅死死地盯住小池方向，现在就看敌人上不上钩了。

与此同时，小池守军接到密探的告密后，觉得是个邀功的好机会，他们赶紧集结 100 多人，准备前往追歼红军游击队。

上午 8 点左右，罗忠毅透过望远镜看到敌人果然出动后，他赶紧命令战士们准备进行战斗。

小池守军根本没想到红军会伏击他们，就这

么大摇大摆地往黄斜方向走来。

敌人越走越近，很快就进入了伏击圈，正待罗忠毅要下达作战命令时，敌军官突然命令队伍停下，然后拿出望远镜朝周围观察，似乎发现了什么。罗忠毅当机立断，一挥手，喊了一声“打！”战士们手中的钢枪都喷出愤怒的火焰。

敌人突遭打击，一下子就蒙了，过了一会儿才想到依托地形进行抵抗。在第 1、第 2 支队的火力打击下，敌军官立即率领残敌向小池及西南方向突围。罗忠毅一看敌人要逃，立刻命令部队往中间合围，截敌后路的龙岩游击队也向逃窜之敌猛烈开火。

敌军官眼看突围无望，只能组织队伍负隅顽抗，同时期望援军能够赶到支援。罗忠毅一眼就看穿敌人的企图，下令猛攻，一时之间，子弹横飞，双方陷入了艰苦的拉锯战，不过胜利的天平已经倒向第 1、第 2 支队。

为了减少无谓的伤亡，罗忠毅一面组织部队向敌猛烈开火，一面朝敌人喊话。他说：“白军的弟兄们，我们红军说话算话，只要你们放下枪，就可以给予宽大处理，你们都有家人，为了蒋介石卖命值得吗？”

敌军官听到罗忠毅喊话后，怕军心不稳，赶紧朝罗忠毅开枪，遭到红军战士还击，敌军官被击毙。剩下的士兵纷纷放下手中的武器举手投降。

此时，跟在敌军后面的一些民团不肯缴枪，掉头往西北逃遁。罗忠毅立刻命战士拦截，民团见无路可退，只得放下武器，跪地求饶。

这次战斗进行了一个多小时，全歼国民党军1个连及1个营部，缴获机枪1挺、步枪百余支，除了民团团长中弹后携两三人逃脱外，其他全部被俘。第1、第2支队只有几名战士负了轻伤。

罗忠毅率领两个支队在小池全歼敌军的消息震动了龙岩城，龙岩城守军怕罗忠毅率队来攻，赶紧加强了城区防务。而在敌人担惊受怕的同时，罗忠毅早已率领部队带着俘虏和战利品安全转移了。

03

抗日战争显军威

行军路上官兵情

1937 年 7 月，卢沟桥事变后，国共两党从抗日大局出发，建立了抗日民族统一战线，一直在南方坚持游击战争的闽西等红军游击队按照双方协定改编为新四军。罗忠毅被任命为新四军第 2 支队参谋长，在支队司令员张鼎丞和副司令员粟裕的领导下工作。

当上支队参谋长的罗忠毅更加忙碌，他不断协调各部门，为北上抗日做准备。1938 年 3 月，在龙岩召开完新四军第 2 支队北上抗日誓师大会后，罗忠毅就参与率领第 2 支队，往皖南赶去。

在赶往皖南的路上，罗忠毅不仅要处理支队的正常事务，而且每晚宿营后，罗忠毅都会去检查战士们的休息情况，可以说是十分忙碌。

虽然忙碌，但罗忠毅内心是激动的，终于可以抗击日本侵略者了，还有什么比这更让人兴奋的事情呢？不仅是罗忠毅，整个第 2 支队的战士们也都热血沸腾，恨不得立刻飞到前线向日本鬼子开战。

正是靠着这股热情，战士们在白天行进时都会不自觉地加快脚步，他们一天的行程往往快顶上两天的路程。

在这种节奏下，支队政治部宣传队和华侨服务团的同志已经吃不消了，有的人因长时间行走，脚上都磨出了水泡。罗忠毅看在眼里急在心里。

一天，部队宿营后，他将负责宣传队工作的王直喊来说："老王，宣传队的同志是由来自厦门、漳州、汕头等地的爱国知识青年和来自越南、泰国、缅甸、新加坡的爱国华侨青年组成，他们没有经历过严格的军事训练，这样长途行军，别说是他们了，咱们的战士也有人吃不消，你有什么好的方法没？”

王直一听，一脸的为难，说：“参谋长，咱们现在要啥没啥，除了让宣传队的同志每晚烧热水泡脚外，也没有什么好的办法。”

“这样吧，除了热水泡脚外，我再协调一下别的部门，看看能不能在车上腾出位子给他们坐，你回去后好好给他们做一下安抚工作。”

“是，参谋长，我现在就回去处理。”王直答道。

王直回去后将罗忠毅的话向宣传队的同志作了传达。同志们一听就不乐意了，大家纷纷说：“我们是来革命的，我们要和战士们一样，不能搞优待。这点困难我们能克服。”

王直看大家革命热情那么高涨，知道工作不好做，只好请罗忠毅过去给大家做工作。

罗忠毅听闻后，跟着王直就去了宣传队。大伙一看罗参谋长来了，赶紧都站了起来，罗忠毅示意大家坐下来说。第 1 分队队长彭冲首先发言：“首长，我们虽然没有受过军事训练，但革命热情一点也不比战士们差，他们一路走来，都不喊苦，我们跟他们年龄相仿，他们都能坚持下来，我们也可以。”

“是啊，首长，你别瞧不起女生，我们也不比男生差。虽然这是我们这辈子第一次长途行军，但这点苦我们能克服，希望首长不要给我们搞特殊化。”第3分队队长（女生队）洛频接着说道。

“对对，没错，首长，我们能战胜困难，我们不要求优待。”其余队员纷纷附和道。

待大家发言完毕，罗忠毅面带微笑地说：“同志们，我能看到你们的革命热忱。不过，革命是一个长期的过程，所以我们要爱惜自己的革命力量！这次行军中，你们宣传队的同志不断在队伍中穿插，鼓舞士气，这些都值得肯定。但是，咱们这次北上抗日，还有一段不短的路途要走，你们中的很多女同志走起来已经很吃力了，所以，我正在协调汽车让你们乘坐，目的不是优待，而是在将来更好地发挥你们的革命作用。”

洛频一听，不乐意了，说：“首长，我们女生不乘汽车，我们可以坚持，您还是把车让给更有需要的人坐吧。”

“洛频同志，我之所以让宣传队的同志乘坐汽车，是有原因的，你们是革命的宝贵财富，当初在龙岩、永定、上杭等地区，你们为红军游击队和山村群众巡回演出，宣传我们党的主张，极大地鼓舞了红军将士的革命斗志，唤醒了民众对红军的大力支持。可以说，闽西南三年游击战能坚持下来，你们的宣传是立了大功的。现在咱们北上抗日，正需要发挥你们的宣传作用，来唤醒苏南群众的抗日热情，这一任务非常重要。所以，让你们宣传队乘车，是为了让你们以后更好地发挥革命作用。”罗忠毅正色道。

王直趁热打铁道：“同志们，参谋长说得很对。咱们革命要看长远，现在让你们乘车，是因为你们马上要承担更为艰苦的新区宣传工作，咱们新四军能不能在江南地区站住脚，你们的宣传工作至关重要。所以，现在减轻你们行军的疲劳，是为了把好钢用到刀刃上。”

宣传队的队员们听完，陷入了沉思，他们觉得罗忠毅首长的话确实在理，他们这种行军速度很可能会拖累部队的行程，只有早一点达到抗日前线，才能更快地发挥他们的作用。

彭冲、洛频等分队队长互相看了一眼，心里有了决定。

“彭冲、蔡宗英、洛频，你们三个作为分队队长，代表大家表个态吧。”罗忠毅又接着说道。

洛频站起来说：“首长，我们确实没想那么多，今天经您这么一说，我们想通了。只有不拖累队伍，如期到达前线，才能更好发挥我们的作用，我们愿意乘车前进。”

罗忠毅听完，满意地点点头。

在此后的路程中，罗忠毅依然保持对宣传队的关注。在通过山地时，因汽车无法通行，宣传队的同志也得徒步登山，罗忠毅只要看到有队员脚下打起血泡的，都会将自己的马让给行动不便的队员骑，而自己却跟战士们一起徒步前进。

正是在罗忠毅的关心照顾下，宣传队队员经受住了考验，没有一个掉队，顺利地到达了抗日前线。

小丹阳初战日军

经过几个月的长途行军与休整，新四军第 2 支队顺利地挺进苏南敌后。此时，第 2 支队副司令员粟裕率领的先遣队也完成了既定任务，等待罗忠毅等人的到来。

1938 年 6 月，罗忠毅和部队到达当涂大官圩里马家桥与粟裕会合。会师后，两人立刻带领第 2 支队前往江（宁）芜（湖）、横山等地区跟日军作战。从 6 月底到 8 月初，第 2 支队先后摧毁了朱门、禄口等处日伪据点 13 个，收复小丹阳、横溪等村镇。

新四军第 2 支队的连番胜利，不但沉重打击了日军，还影响到日军在南京地区的统治，第 2 支队已经成为日军的眼中钉肉中刺。为了廓清南京周围的新四军部队，为日军主力围攻武汉解决后顾之忧，日军便在溧水、江宁镇、采石镇、当涂等地，加强守备兵力并密布梅花桩，妄图用分进合击之术使新四军第2支队退出南京地区。

随着第2支队对日军威胁的上升，粟裕和罗忠毅很清楚日军不会坐视不管，日军很有可能在近期对第2支队活动区域展开进攻。粟裕立刻召开各级指战员会议，商讨对策。

粟裕首先起身说："老罗，你是参谋长，你对日军动向应该最有发言权，你先给大伙分析分析。"

罗忠毅点点头，说道："粟司令，那我就先说了。我觉得这次日军进攻的重点是小丹阳，从地理位置看，小丹阳属横山地区，位于当涂县东北角，是南京的外围，战略地位十分重要，控制了小丹阳就保证了南京外围的安全。而且，小丹阳附近的石马矿山，蕴藏的大量矿石更是日军垂涎已久的战略物资。因此，我们必须加强在小丹阳附近的防御力量，避免被日军围攻。"

粟裕听完，沉思了一会儿，说："罗参谋长，你分析得很有道理，我大体跟你看法一致。如果日军来攻，必然集结重兵，咱们必须采用避实就虚、诱敌深入的策略，才可以使部队化被动为主动。"

“粟司令，你说得很对，日军无论是兵员素质、武器装备都远优于我军，咱们采取避实就虚等策略是符合我军军情的。结合最近获得的情报看，日军已在洞阳镇附近集结步兵4000余人，重炮10余门，轰炸机20多架、装甲汽车数辆。在小丹阳以南的叶家桥附近也发现日军小队。整体看来，日军进攻小丹阳的战略意图很明显，但什么时候进攻，还有待侦察。”罗忠毅接着补充道。

粟裕：“你补充得很关键，我估计最近日军就会进攻小丹阳，你来给各级指战员做个战前动员，使大家紧张起来，以迎接即将到来的恶战。”罗忠毅愉快地接受了粟裕交代的任务。

罗忠毅将各团营指战员召集起来：“同志们，我知道大家担心日军强大，害怕部队遭受重大损失而出现畏战情绪。可是，咱们进行的是抗击侵略者的正义战争，必然会受到小丹阳地区百姓的大力支持，只要大家沉着应战，胜利必然属于我们。”

罗忠毅的一番话，打消了各级指挥员的顾虑，他们的眼神中又充满了斗志。

8月22日，日军分别在秣陵关、溧水、当涂三处集结大量兵力，朝采石镇进发。日军另一部由南京乘两艘军舰，抵达采石镇。

8 月 23 日，在人员、辎重全部到位后，日军图穷匕见，开始兵分 8 路围攻小丹阳。第一路，由秣陵关经陶吴至横溪桥。第二路，由秣陵关经禄口、谢村进至横溪桥。第三、第四路，进至桑园蒲和博望。第五、第六路，由当涂出发，分别进占护驾墩、薛镇。第七路，由采石进占石马、落星。第八路，由江宁进占朱门。

面对日军大兵压境的情况，罗忠毅非常冷静，他和粟裕决定以小部兵力阻敌进攻，与日军周旋，主力部队集结在小丹阳西杨家庄隐蔽待机。

上午 10 时左右，抵达采石镇的日军已经在矿山附近与第 2 支队守军在杨庄激烈交火。由于日军火力凶猛，杨庄守军只能依仗地形顽强抗击，日军指挥官在中国战场上多次打败国民党军，根本没把新四军放在眼里，没想到，防御杨庄的新四军竟如此顽强。日军指挥官只得一面指挥部队发动新一轮攻势，一面通过无线电请求己方军机前来助阵。不一会儿，日军轰炸机队就飞临杨庄上空，在日军地面部队的指引下，向杨庄防御阵地上倾泻大量炸弹，杨庄阵地上一片烟雾弥漫。

硝烟散去，日军指挥官看着前方寂静的新四军阵地，立刻指挥部队往前冲去，这时候，杨庄阵地上的枪声再次响起，拍去身上泥土的新四军战士再次钻出防御工事，向日军还击。两军陷入僵持中。

此时，趁着杨庄守军拖住日军的时机，罗忠毅果断命令第 2 支队 3 团 3 营将主力转移到上泗垅太平山一带侧击日军，其余部队则迅速穿插过陈塘头至十八村，截断敌先头部队，占领鸡笼山阵地，抗击日军。

在罗忠毅的指挥下，第 3 营主力发挥了新四军敢打敢拼的特点，将另一路日军牢牢地吸引在太平山一带。因新四军顽强阻击，日军处处受阻，进展缓慢，不得已，日军各部指挥官只能继续呼唤己方战机发动攻击，在日机的狂轰滥炸下，第 2 支队各部都坚守阵地，始终使日军无法越雷池半步。

经过 3 个小时的激战，第 2 支队官兵给来犯日军痛击后，在粟裕、罗忠毅领导下顺利转移到安全地区。

此战，新四军第2支队歼灭敌人20多名，打伤敌人30多名，缴获大量武器及军用品，并收复了小丹阳、薛镇、横溪桥、桑园蒲等地，而主力第3团基本无伤亡，只消耗子弹千余发。更为重要的是小丹阳之战，粉碎了日军围歼第2支队的战略企图，扩大了第2支队的政治影响，锻炼了全体指战员打硬仗的能力，为第2支队在苏南地区的进一步发展开了一个好头。

博望之战扬声名

小丹阳之战后，日军不甘心失败，积极准备反扑。1938年冬，日军联队长横山大佐指挥2000余人的日伪军，再次兵分多路奔袭横山地区，意图消灭新四军第2支队，以报小丹阳失利之耻。日军采取分进合击的老战术，其中一路袭击博望，目的是把第2支队主力驱赶到秦淮河、姑溪河之间的博望平原，以完成围歼第二支队的战略目标。

罗忠毅得到情报后，决定亲自率队前往，粉碎日军对横山地区的进攻。罗忠毅和第2支队参谋王培臣以及钟德胜带领第3团一营两个连，从驻地宣城狸头桥步行到高淳，然后乘船渡过石臼湖，急速赶往横山地区。

部队行进到博望镇东北的一个村庄休息，准备生火做饭。因为此地是新区，当地百姓对于这支路过的军队保持高度警惕，所以刚开始他们不敢跟第3团指战员接触。

罗忠毅见此情景，主动找到一户人家，握住主人的手："老乡，不要怕，我们知道你们经常遭受日伪军、国民党军的敲诈勒索，我们部队跟他们不一样，我们是中国共产党领导下的新四军，我们的纪律就是不拿百姓一针一线，我们这次经过博望的目的，就是为了打日本鬼子，好给你们出口怨气。"

户主人听了罗忠毅的一席话后，激动地说："长官，以前国民党军队就会剥削我们，现在日本鬼子来了，不但剥削我们，还随意杀害我们百姓，大家每天都提心吊胆，也不知道这种日子什么时候是个头，想不到今天就碰见了要打鬼子的队伍，看来我们镇百姓有救了。”

“放心吧，老乡，我们新四军的目标就是将日本鬼子赶出中国，我们不仅要解救你们，还要解救所有被日本鬼子压迫的同胞们，我相信只要你们支持我们新四军，这个目标要不了多久就能实现。”罗忠毅握紧户主的手，语气坚定。

周围的邻居看到新四军纪律严明，不似国民党军队扰民，也开始跟战士们逐渐亲热起来。

不一会儿，有群众向部队报告说博望镇来了日军，罗忠毅一听，感觉敌明我暗，应该是个歼敌的好时机。罗忠毅立刻派侦察员到博望镇上侦察敌情。很快侦察员就回来报告：“通过跟镇上的老乡打探，这些日军是从洪兰埠过来的，总共 19 人，其中日军 17 人、翻译 1 人，向导 1 名。他们携带了 1 挺轻机枪、14 支步枪和 1 个掷弹筒。听老乡说，这股日军不会在博望镇住宿，下午就会返回洪兰埠。”

根据所掌握的情况，罗忠毅决定伏击消灭这

股日军。他立刻打开地图，仔细查看，发现博望与溧水明觉寺之间的下圭塘有个小土丘，利于埋伏，且那儿是日军回洪兰埠的必经之路，在此设伏，可以将日军一举歼灭。

主意已定，罗忠毅立即召开连、排长会议，研究伏击战的打法并交代各连、排的战斗任务。部署完毕，罗忠毅还是心里直打鼓，他很清楚，这次带过来的两个连队以新兵居多，很多人从未打过仗，更不用说和训练有素的日军交手了。更糟糕的是，部队的武器装备也很差，只有两挺轻机枪，步枪很少，子弹也不足，有的战士还背着大刀作战斗武器。面对这些困难，罗忠毅没想过退缩，他将战士们聚集在一起："同志们，咱们部队实际情况大家很清楚，武器装备不足，跟训练有素、装备精良的日军比，咱们处于劣势，但我相信大家都是有血性的中国军人，我们要是不站出来和日军拼命，那么日军就会屠戮更多咱们的父老乡亲。今天咱们前往横山地区的目的不就是为了打鬼子吗？现在在博望镇碰见的这股日军正好给咱们练练手。同志们，你们有没有信心消灭这股日军？"战士们个个情绪高昂，一致表态要将这股日军消灭在博望镇。

吃完午饭，各部队迅速进入阵地，等待日军的到来。由于日军占领横山地区后，一直很嚣张，经常三三两两出来骚扰百姓，从未遭受过打击，警惕性非常低。日军根本没想到会有人敢打他们的伏击，所以也没有派出士兵沿途侦察搜查，而是径直地向新四军预伏阵地走来。待日军进入伏击圈后，罗忠毅一声令下:“打!”机枪、步枪一齐向敌人扫去。

日军没有料到会在此地遇上伏击，一阵慌乱后，很快镇定下来，四处寻找掩体，并向周围的新四军还击。

战士们一边放枪，一边收缩包围圈，被围日军没有选择主动出击，而是保持队形，固守待援。新四军因武器装备不足，一时也突破不了日军的防御，两军形成了对峙。

日军指挥官眼看己方弹药越打越少，而援军也迟迟不见踪迹，便命令残余日军用机枪猛烈向东扫射，准备突出新四军的包围圈。

罗忠毅一眼就识破了日军的计谋，他马上命

令战士们封住东面的出路，进行围歼。

眼看突围无望，而弹药也所剩无几，日军指挥官命令士兵上刺刀，然后冲向我军阵地。战斗到现在，第 1 营官兵的弹药也已经消耗殆尽。罗忠毅看见日军冲过来后，也下令战士们架起刺刀，拿起大刀和梭镖跟他一起，朝迎面而来的日军冲去。

两军展开了激烈的白刃战，一时之间，刀声、喊杀声在下圭塘的原野上飘荡……

经过一个多小时的激战，第 1 营战士共击毙日军 15 名，俘虏 1 名，缴获轻机枪 1 挺、步枪 14 支、掷弹筒 1 具、军刀 1 把，圆满完成了这次伏击战。

罗忠毅领导的博望伏击战规模虽小，但政治影响很大，此战使横山地区的群众认识到新四军是真正抗日的部队，当地百姓开始真心实意拥护新四军，主动给新四军带路，报告敌人的情况。日军经过这次教训后，再也不敢轻易离开据点，到处乱窜了。

水阳伏击战

水阳镇地处皖苏交界，交通便利，往北可经溧水直达南京，是日军防御重点地区，也是新四军北上开辟茅山根据地的一条重要通道。自 1938 年以来，日军为巩固其占领区和交通要道，经常派兵到水阳镇一带“扫荡”，很多百姓惨遭日寇屠戮，家破人亡的更是数不胜数。当地百姓对日军恨之入骨，而国民党贪生怕死，根本不敢主动攻击日军，为百姓报仇。百姓们只能忍辱偷生，怨气极大。

1938 年年底，粟裕、罗忠毅率领新四军第 2 支队进驻宣城北乡后，很快就了解到水阳镇百姓的遭遇，粟、罗两人双眼都冒出了怒火，决心一定要狠狠地教训日军，为水阳百姓出口恶气。

经过一段时间的观察，粟裕、罗忠毅他们终于寻找到打击日军的机会。1939 年 1 月 6 日，在宣城县城活动的新四军地下情报员传来紧急情报，一股130余人的日伪军，携轻机枪6挺、掷弹筒3个，从宣城向北开拔，下午1时在新河庄打尖休息，下午2时左右沿东西两岸北来，于3时左右进入水阳镇，敌人是否在该地宿营，尚未明悉。

粟、罗两人看过情报后，粟裕说："老罗，你怎么看？"罗忠毅说："水阳及其附近群众，对日军仇恨甚深，渴望我军进击该地之敌。当初日军进攻宣城时，我军刚好在官圩以南，未来得及与日军作战，这次日军到达水阳镇，无论他们是走是留，都是一个歼灭他们的机会。"

粟裕说："没错，咱们在小丹阳战斗中取得胜利后，部队的士气很旺盛，很多新入伍的战士也需要以战代训，这次该股日军来到水阳镇活动，也正好是锻炼战士的机会。从政治上讲，消灭这股日军对我军在苏南地区的发展也是很有力的，既可以打破国民党、汉奸造谣我军游而不击、不打日军的阴谋，又可以提高我军的号召力。"

罗忠毅说："这一仗无论从天时还是地利都于我军有利，更重要的是当地百姓对我军印象甚好，不会向日军告密，很方便我军展开行动，我看这一仗可以打。”

时间紧急，粟裕连忙召集各连指战员开会，商议行动计划。因不确定日军是否在水阳镇宿营过夜，粟裕深思了一会儿说：“鉴于敌情未完全掌握，我提出一个作战计划大家看看如何，即日军未在水阳宿营而继续向乌溪、黄池前进，我军则尾随跟踪，待到日军到达乌溪附近渡河时，我军再半途追击歼灭其一部。”

粟裕讲完后，作为参谋长的罗忠毅看着地图沉思一会儿，说：“我觉得粟司令这个提议是可行的。不过，我补充一下，万一日军在水阳镇宿营的话，那么日军可能会于次日沿河埂北进黄池，那么我军可以从水阳东埂先行超越日军，然后伏击歼灭该股日军。设伏的地点，我觉得在水阳北 7 里的白沙李附近较好，方便我军机动，可做到首尾呼应，更有把握全歼这股日军。”

粟裕看着大家说：“还有谁需要补充的，尽管讲出来。”各连指战员觉得粟、罗两位首长的作战计划考虑得很周到，大家异口同声说：“首长，请下命令吧。”

此时，派出侦察的战士回来报告说日军已经在水阳镇街道北边宿营了，看样子今晚不会离开。粟裕一听，说：“那就按罗参谋长的提议办，大家赶紧回去集结部队，准备行动。”

临行前，粟、罗等人做了战前动员，罗忠毅看着战士们坚毅的眼神说：“同志们，这一仗我们是非打不可，日军烧杀掳掠、祸害水阳百姓，是想灭亡我们中华民族的表现，我们只有把日军赶出中国去，才能使我们的亲人免遭水阳百姓一样的危难。同志们，你们有没有信心消灭这股日军？”战士们群情激昂地说：“首长放心，我们一定完成任务。”

部队出发前，罗忠毅又特意交代战士们要注意夜行军的纪律和战斗注意事项。完毕后，粟、罗又召集连以上军政干部，交代各部具体的任务。

下午 6 时，粟裕、罗忠毅率领第 3、第 4 团和 1 个重机枪排，从狸头桥张家村出发，轻装急行军抵达水阳镇。根据了解到的日军兵力分布情况，罗忠毅和粟裕经过一番商议，决定将部队分布在东、西埂，主力安排在西埂；又命第 3 团 4 连当晚潜伏到水阳镇南大福殿隐蔽，待次日日军出发后秘密尾随跟进，机跟前方阻击部队两面夹攻。

1 月 7 日凌晨，粟裕、罗忠毅率领部队到达攻击地域埋伏。8 时左右，日军沿水阳镇方向往北出发，罗忠毅拿着望远镜仔细观察日军的一举一动。日军很警惕，不时派出侦察人员搜索周围水沟，避免被打埋伏。由于粟裕、罗忠毅战前制定了周密的计划，日军并未发现周围有埋伏。很快，东岸日军就先进入新四军设伏部队火力打击圈，罗忠毅示意第 8 连放近一点再开火，在离埋伏部队还有 50 米的距离，罗忠毅命令："开火！"第 8 连战士猛烈向东岸日军开火，西岸日军主力，一听到枪声，立刻抢占附近民房等有利地形，凭其优势火力向新四军猛烈还击，一时之间两军形成对峙局面。

罗忠毅赶紧到粟裕跟前说："粟司令，日军火力太猛了，凭我军现有装备和士兵素养看，恐怕全歼这股日军已不可能，不如集中火力，消灭东岸一部分日军。"

粟裕说："老罗，你说得很有道理，伤其十指不如断其一指，我军现有战斗力还不足全歼这股日军，消灭其一部分是正确的，我们要加紧进攻，避免黄池方向的日军闻讯增援，那么我们就变主动为被动了。你赶紧返回阵地，咱们两面合击，争取多消灭几个鬼子。"

罗忠毅冒着日军的枪炮声，返回阵地，指挥战士配合粟裕的行动。经过 3 个小时的激战，日军终于抵挡不住，仓皇向黄池方向逃窜，粟裕、罗忠毅因担心遭遇增援日军，再加上战士长时间作战也十分疲劳，就未再乘胜追击。

此战，在粟裕、罗忠毅的策划和指挥下，虽未完成全歼日军于水阳镇的战前部署，但也对日伪军予以打击，共毙伤日伪军 30 余名，成功收复水阳镇。战后，当地百姓携老扶幼出来劳军，他们一起给粟裕、罗忠毅送来"杀敌致果"的软匾，以示感谢。新四军在当地百姓中的影响得到扩大，而遭受打击的日军，再也不敢轻易远离据点宿营。

官陡门战斗

1939 年年初，日军开始在南京、镇江、芜湖三角地带进一步增加兵力，采取攻守并用的战术，深入重要集镇，构筑“梅花桩”式的据点，对新四军根据地进行大规模的“扫荡”。

局势越发不利于新四军第 2 支队的发展，作为参谋长的罗忠毅不能不心生忧虑。一天深夜，久久无法入眠的罗忠毅打开房门，看见不远处粟裕的屋内还亮着灯，就径直走了过去。敲门后，粟裕一看是罗忠毅，赶紧把他迎到屋里。粟裕说：“老罗，你这么晚还没睡，是不是有什么事情？”说着给罗忠毅递了一根烟。罗忠毅点上烟，吸了一口说：“司令，日军最近对咱们的‘扫荡’越来越频繁，而蒋介石又搞了一个‘画地为牢’的毒计，规定咱们新四军只能在江宁、句容、丹阳、镇江、当涂、芜湖一带活动，这样一来我军的活动地域过于狭窄，稍有不慎就有被日军围歼的危险。我觉得咱们应该主动向日军发起攻击，改变目前被动的局面。”

粟裕听完，沉思了一会说：“老罗，你说得不错，我军现在的处境非常严峻，只有主动对日军作战，才能打破日军的分割、封锁，才能更主动掌握今后发展的局面。这几天，我一直在思考如何寻找日军的薄弱环节予以打击。”说着，粟裕就走到挂着军事地图的墙边，仔细端详起来，罗忠毅举着煤油灯，也靠了过去。

两人看了一会儿地图，同时将手指向官陡门这个位置。粟裕说：“老罗，我们就从这里开刀，你看怎么样？”罗忠毅说：“司令，官陡门是芜湖地区日军封锁我军活动的重要据点，是日军精心打造的一个攻防堡垒，可谓是易守难攻。官陡门附近有一条长约 35 里的大堤，守军容易在堤上截断我军退路。而且在官陡门据点日军除了设置 3 层铁丝网和障碍物外，还每隔 5 里构筑一个炮楼，形成拱卫之势，一旦据点有事，半个小时内，周围碉堡的日军就能驰援，芜湖日军的炮兵也能对据点实施火力支援。拔掉这个眼中钉，既可以沉重打击日军，又可以打破日军对芜湖地区的‘扫荡’和封锁，有利于我军今后的发展。”

粟裕说：“老罗，你的分析很有道理，我的意思也是拔掉官陡门这个据点，正因为官陡门固若金汤、日军料想不到我军敢以卵击石，防范必然有所疏漏，如果咱们隐秘行军、快速突击，必能收到出奇制胜的效果。”

“司令，我也这样认为，官陡门看似日军的强点，只要我策划周密，利用日军的麻痹疏忽，就可以将日军的强点变成弱点，狠狠地教训一下芜湖的日军。”罗忠毅说。

粟裕于是召开会议，和盘托出这一作战计划，多数同志认为过于冒险，胜算不大，有的同志则认为计划不可行。就在大家莫衷一是之际，罗忠毅发言了，他说：“同志们，粟司令这个突袭计划是可行的，咱们现在是在交通发达的平原、水网地区同日军作战，有利于咱们采取速战速决的方式来打击、消灭日军。只要计划周密，咱们完全可以打他个措手不及，让他没有还手的工夫。”

粟裕接过话茬说：“老罗说的没错，只要咱们战斗行动迅速，在敌人增援前是有把握全歼官陡门守军的。同志们，日军绝对料想不到我们会远途奔袭四周有重兵把守的官陡门据点，只要我们行动果断，就一定会成功的！”

经过粟裕、罗忠毅两人的分析，大家纷纷点头表示赞同。

1 月 18 日清晨，粟裕、罗忠毅率领第 3 团从第 2 支队司令部驻地狸头桥出发，此时天降大雨，为了不暴露行踪，部队在冒雨北进 50 里后停止行动，隐蔽宿营。19 日下午，粟裕、罗忠毅组织部队偷偷渡过丹阳湖，然后继续隐蔽西进，于午夜时分到达预定地点集结，整装待命。20 日晚 8 时，按战前部署，掩护部队从南、北两面向青山和黄池的日军据点隐蔽前进，以保护主力部队的安全。第 3 团全体官兵克服疲劳、饥寒，连夜赶路的急行军，终于按时抵达离官陡门约 4 里路的王石桥。

按照预定作战方案，粟裕、罗忠毅将部队分作两路，一路沿西北芜湖方向往北迂回，另一路沿扁担河东岸向北，完成对官陡门据点的“钳形”

包围。

21日凌晨4时，官陡门据点的敌人正躺在被窝里睡大觉，外面炮楼巡查的敌人也哈欠不断。此时，第3团主力贴着堤坝的斜坡已前进到离据点300米处，罗忠毅命令侦察员上前侦察，借着月光，匍匐前进的侦察员发现了敌人的两个岗哨和铁丝网后面的地堡。侦察员小心翼翼地剪断最外围的两层铁丝网，引领部队前行，我军和敌军的距离已不足30米了，在寂静的深夜，都能听到碉堡里敌人打鼾的声音。

就在这个时候，一声尖锐的铃声，划破夜晚的宁静，粟裕、罗忠毅同时往铃响的方向望去，原来，我军侦察员在剪断第三层铁丝网后，无意中触动了敌人暗设的警铃。

粟裕果断命令部队出击。顿时，各种兵器齐发，枪声、手榴弹爆炸声、冲锋号声和“缴枪不杀”的呐喊声响成一片。与此同时，率领东岸部队的罗忠毅也果断发出战斗命令，机枪的怒吼声也在东岸响起。

从睡梦中惊醒的敌人还没弄清到底发生了什

么事，更不要谈组织有效的防御了，有的敌人刚从被窝里钻出来，还没穿好衣服，就当了俘虏，更多的敌人像无头苍蝇一样四处逃窜。

趁着敌人惊慌失措之际，粟裕指挥部队一鼓作气，夺取小木桥，冲过河东，而东岸的部队，在罗忠毅的率领下也朝着伪军冲去，很快攻占了伪军司令部。伪军残部乘夜暗四处逃窜。

官陡门之战，从进攻开始到打扫战场，总共用时 20 分钟，新四军第 2 支队第 3 团仅 2 名战士负伤，歼敌 300 余人，其中俘虏 57 人，仅伪军司令因人在芜湖而侥幸漏网。缴获日伪军电台 1 部、机枪 4 挺、长短枪 70 余支及一批军用品。官陡门伪军被歼，日伪军驻南京的指挥部急忙抽调外出“扫荡”的日伪部队开往官陡门追击新四军。而此时，粟裕、罗忠毅已在黑幕中押着俘虏带着战利品安全撤走了。此战挫败了日伪军对芜湖、当涂等地实施分割、封锁的计划，有力地支援了茅山抗日根据地的建设。

狸头桥战斗

官陡门战斗结束后，日军认识到江南国民党军不堪一击，只有中国共产党领导的新四军才是心腹大患。日本军部决定将打击重心移向其后方的新四军抗日根据地，实现对占领区的稳定统治。正是在“打击后方抗日武装”的指导思想下，苏皖边界的日军决定对新四军第2支队根据地进行一次报复性的大“扫荡”，企图一举消灭第2支队司令部，以报官陡门战败之仇。

粟裕、罗忠毅知道官陡门大捷必然导致日军的大规模报复活动。为了早做准备，粟裕、罗忠毅他们发动活动在苏皖边界的新四军情报人员，严密监视各城镇日军的调防、聚集情况。

1939年3月下旬，新四军侦察人员通过各种渠道，获知日军正召开军事会议，研究消灭第2支队的作战计划，至于日军何时行动尚不清楚。粟裕看过情报后，心头一紧，军人的直觉告诉他，虽然尚无日军作战的具体时间，但估计应该会很快。

粟裕叫警卫员赶紧把参谋长罗忠毅找过来，警卫员在训练场找到罗忠毅，告知司令有急事找他。罗忠毅一听，立刻赶到粟裕房间。罗忠毅说："司令，出什么事了？"粟裕拿出情报让罗忠毅看了一下。罗忠毅说："如果情报没错的话，估计这次日军是想集结重兵，消灭咱们第 2 支队。虽然时间还不能确定，以咱们之前跟日军交手的经验看，日军采取行动应该就在最近，咱们要加强防御才行。"

"老罗，你说得对，日军往往都是谋定而后动，部队机动性强，咱们要赶紧把战士们动员起来，以备日军来袭。"粟裕说。

就在粟裕、罗忠毅抓紧时间整训、动员部队之时，4 月 7 日，派出侦察的情报人员发现日军行动迹象，赶紧向粟、罗两位首长报告。情报说：溧水日军正在逐渐增加，现计有步兵 3000 余，骑兵 300 余，并由南京近日运来军械火炮弹药 40 余卡车；湾沚方向有日军 1000 余名，正向新丰推进；

当涂、芜湖方向日军约 400 人，增援至青山和狸头桥西北 60 里的黄池，日军企图进攻高淳、东坝、下坝，再进攻广德、溧阳等县。

粟裕说：“老罗，从日军聚集和增兵地点看，你觉得日军这次的战略意图是什么？”

罗忠毅指着屋里的作战地图说：“你看日军增兵的地点，都在咱们第 2 支队司令部驻地狸头桥的西北、东北两个方向，虽然说现在进攻方向不明，但搞不好日军又想用分进合击这套把戏，即从东西两个方向行动，将我部合围在狸头桥，然后一口吃掉。这种可能性是有的，咱们要保持警惕。”

“你说得对，忠毅。你没进屋前，我已经对着地图观察了一阵，发现日军这次行动确实有围歼我司令部的意图，已经有汉奸把我部驻扎在狸头桥的情报告知日军也说不定，咱们也要做好转移的准备。”

4 月 8 日，情报员又送来一份绝密情报：新丰日军深夜兵分两路，一路 300 余人，向水阳前进；另一路 800 余人，由马山铺绕到节村；溧水方向有日军 500 余人，正向上沛埠推进，有向狸头桥进攻模样。

看完这份情报后，罗忠毅说："司令，结合这两天的情报看，基本断定日军就是想两路夹击，将我司令部消灭于狸头桥已无疑。从日军出动的兵力看，我军如果正面作战，必然遭受重大损失，最好是赶紧组织部队转移。"

粟裕点点头说："老罗，你分析得很对。从情报上看，日军应该就是想用'分进合击'战术，对咱们司令部实施围剿，我军战士大多数是新入伍的，军事技术较差，要正面对抗经过严格军事锻炼的日军，实在是力有未逮，也不符合咱们游击战、运动战的精髓。我的意思跟你一样，就是组织部队撤退，暂时避敌锋芒，在运动战中再对日军进行打击。"

罗忠毅点燃一根烟，边吸边说："司令，除了安排一部分战士执行阻击日军，掩护主力撤退的任务外，我还担心部分同志们对撤退任务不理解，进而影响到战士们的情绪。这个我看需要做一下解释工作。"

"老罗，你的担心是有道理的，等会咱们召开战前动员会的时候，给同志们解释一下。”粟裕接着说。

既然主意已定，粟裕、罗忠毅连忙召集连以上指战员开会。粟裕将日军即将来“扫荡”以及部队准备撤退的事情一一相告，大家顿时炸开了锅，有的同志认为这样会影响士气，有的同志则担心情报准不准确，有的同志则想要在狸头桥反歼日军。

眼看大家的意见难以统一，作为参谋长的罗忠毅站了起来，说：“同志们，咱们必须撤退，最新的侦察显示，日军已迫近我 4 团 6 连、3 团 5 连，更有一路日军沿小山地推进，距离我驻地已不太远，此时转移主力部队，脱离日军包围圈才是正确的选择，至于士气问题，你们回去给战士们做思想工作，告诉他们暂时撤退是为了将来更好地消灭日军。”

粟裕接着说：“我认同忠毅的看法，不能再拖了，你们迅速集合部队，准备往郎溪方向撤退，第 3 团第 5 连、第 4 团第 6 连及直属部队留下对抗日军，掩护主力部队转移，赶紧行动。”

4 月 10 日，正当第 2 支队进行转移时，侦察员报告：日军已向我狸头桥方向扑来，已与我负责警戒的战士交火。粟裕、罗忠毅赶紧拿起望远镜观看日军进攻方向，在看到日军步步逼近后，粟、罗两人赶紧命令第4团第6连、第3团第5连占领狸头桥东北的九龙山一带阵地与日军周旋，掩护主力部队撤退。

经过5个小时的激战，第4团第6连、第3团第5连完成了预定的阻击任务后立即撤出战斗，迅速转向日军侧后。下午4时以后，分别从慈溪、昝家台、马山铺三面围攻我军的1300余名日军，占领了空无一人的狸头桥。

这边，罗忠毅走到粟裕跟前，说："司令，我觉得主力部队除了继续向郎溪转移外，咱们应该留下几支小分队，趁夜去偷袭一下狸头桥的日军，应该会有斩获。"

粟裕听完，说："老罗，你这个提议不错，我刚才就在考虑要派小股部队偷袭一下日军，打他们一个立足未稳。"说完，粟裕、罗忠毅就挑出一些战士来组织成游击小组，准备夜袭日军。

果然，占领狸头桥的日军以为新四军不敢回

来了，晚上的警戒很松散。游击小组向日军营地发起突袭，一阵手榴弹爆炸，一阵乱枪扫射，待日军摆出阵型出战时，却连一个鬼影也找不到。一夜下来，日军被搅得困乏不堪，只能第二天一早就分路往北退兵，狸头桥“扫荡”无功而返。

此战，在粟裕、罗忠毅的领导下，第 2 支队司令部及所属部队皆安全转移，同时还取得毙敌 40 余名、伤敌 30 余名的战绩，粉碎了日军围歼新四军部队的计划。更为重要的是，狸头桥战斗，让周围的百姓看清了日军烧杀淫掠的野蛮本性，日军再也不能用花言巧语来蒙蔽当地百姓了。在当地百姓的支持和宣传下，新四军第 2 支队的发展也进入了一个新的阶段。

04

品行皆优留佳话

关爱病童

日军对茅山地区的频繁扫荡，使得罗忠毅领导下的新四军第 2 支队在不同的村落转移驻留。每到一个村庄，罗忠毅都很重视群众工作，他会带领战士们帮村民收粮食、修整房屋，很快就跟村庄百姓打成一片。

一次，在日军的扫荡下，罗忠毅率领部队转移到了金坛附近的高庄村。当时正值农忙，罗忠毅除了抓紧时间整训队伍外，还组织战士帮助村民收割粮食，每天都忙到很晚才回到住处。

一天晚上，罗忠毅回到借宿的老乡家，看见老乡屋里还亮着灯，就进屋打了声招呼。屋主一看是罗忠毅回来了，就赶紧拉罗忠毅坐下，然后两人就聊起天来。

罗忠毅说："老乡，你家今年收成怎么样啊？"

屋主说："罗首长，幸好有战士们帮我们收割庄稼，今年的收成还不错。要是往年啊，都不敢想丰收的事，国民党、日本鬼子、伪军经常抢夺我们的粮食，我们人手也不够，只能看着自己的粮食被抢走，生存都成问题。这次有战士们帮助，我们早早就把粮食收得差不多啦，今年衣食应该还可以自足。"

"放心吧，老乡，在中国共产党的领导下，咱们要不了多久就会将日本鬼子赶出中国，到时候你们也不用天天提心吊胆地生活了。"罗忠毅接着说。

"罗首长，国民党有时候比日本鬼子还狠毒，根本无法指望，我们现在就希望你们新四军能够保护我们，给我们带来好日子。"屋主边说边给罗忠毅掏出一根烟。

罗忠毅接过烟，点着吸了一口，说："老乡，放心吧，我们新四军不仅是来抗日的，而且要带领大伙奔向更好的生活，现在只是黎明前的黑暗，好日子很快就会来临。”

屋主听完，激动地说：“好好好，希望这一日早点来到。”

这时，屋主的媳妇从内屋出来给罗忠毅添点热水，罗忠毅赶紧拿起杯子迎去。倒完水，屋主媳妇并没有回内屋，而是一副欲言又止的样子。

罗忠毅很好奇，就说：“嫂子，你是不是有什么事想说，有的话就说嘛，别有顾虑。”

屋主媳妇看了她丈夫一看，捏着衣角说：“罗首长，是这样的，咱们村东头的老孙家您知道吧？”

“知道啊，怎么了？”罗忠毅疑问道。

“他家的小孩也不知道得了什么病，找了几个游方的郎中也没给看出个所以然，现在病情加重，感觉快不行了。”屋主媳妇接着说道。

“还有这种事，为什么不早点给我说呀？走，咱们现在到老孙家看看去。”说着，罗忠毅就带着警卫员朝村东头走去。

快到村东头时，罗忠毅看到老孙家亮着灯光，就加快了脚步，此时，一阵犬吠的声音，打破了夜色的宁静。原来是老孙家的狗发现来人了，正在给主人示警，接着老孙家屋里的光就灭了。

罗忠毅这时也已经走到老孙家门口，他走上前去敲门，但是没有人应声，罗忠毅正纳闷时，警卫员也上前敲了敲门，说："孙大哥，你们睡了吗，我们罗首长听说你家孩子病了，过来探望一下。"

过了一会儿，屋里灯重新亮了起来，屋主老孙借着灯光从门缝里看清来人后，赶紧开门，把罗忠毅等人迎了进去。

罗忠毅进屋后，说："刚才快到的时候，你家怎么把灯给熄了？"

"罗首长，虽然你们现在借宿在村里，可日伪军的探子之前经常夜里到村子里活动，我刚才听到狗叫声，一想这么晚了，外面还有人活动，害怕是敌人的探子，就赶紧把灯给熄了。"老孙答道。

听完这话后，罗忠毅说："老孙，我听别人说你家小孩病得很严重，你怎么也不跟我们说一声，我们好给你家孩子找医生瞧瞧。"说着就在老孙的引路下，进了内屋。

借着煤油灯，罗忠毅看见一个小男孩嘴唇发紫，头上冒着冷汗，正在床上躺着。罗忠毅赶紧询问："老孙，你家孩子病得这么严重，你怎么也不找医生给他看看？"

老孙说："罗首长，我们也想去县城找个医生给看看，但是村子离县城太远，我们家又太穷，怕负担不起请医生的钱，所以就找了游方郎中给看看抓了点药，不想没见好反而加重了病情。"

说到这，正站在床边照顾孩子的老孙媳妇哭了起来，罗忠毅一看，赶紧好言安慰，然后说："老孙，我现在就派警卫员去县里找医生，费用你不用操心，我来出。"说完，罗忠毅赶紧交代警卫员去县里请医生过来。

第二天一早，警卫员带着唐医生赶到老孙家，唐医生赶紧进屋查看男孩的病情，罗忠毅听说医生到了，也赶到了老孙家。过了一会儿，唐医生从里屋出来，罗忠毅上前询问，说："大夫，孩子病情如何？"唐医生说："你们早该把孩子送到县里医治，孩子这是患了发烧引起的并发症，我也不敢担保一定能抢救得过来。"

罗忠毅一边安慰老孙，一边跟唐医生说："大夫，请你想办法救救这个孩子，钱这方面不用担心，有什么要买的药，我让警卫员去县城里买，总之，希望你能挽救这个孩子的生命。"

唐医生看到罗忠毅诚恳的眼神，点点了头，道："你放心，我会尽自己最大的努力治疗这个孩子的。"

罗忠毅因公事繁忙，就叮嘱警卫员说孩子有什么情况及时告知他。

在唐医生几个昼夜的精心治疗下，小男孩转危为安。罗忠毅听到消息后，正要去看望时，部队又有新的任务要执行，罗忠毅只得叮嘱医生给老孙家小孩多留点药。

半个多月后，罗忠毅带部队返回高庄。中午，罗忠毅带着警卫员去老孙家看望小男孩。老孙一看罗忠毅来了，激动地拉着他的手，说道："罗首长，多亏你请的医生，要不然我家孩子的命就保不住了。"说着就要给罗忠毅跪下来。

"老孙，我们共产党人跟百姓是一家，我们就是带领百姓过好日子的，你家孩子病了，就像我家孩子病了一样，我们一定想办法给他治好。”罗忠毅一边扶起老孙一边说。

说完，罗忠毅就进里屋查看男孩的情况，此时小男孩一脸红润，看起来恢复得不错。但罗忠毅还是有些担心，他赶紧让警卫员去县城将唐医生请来，给小男孩进行复查。唐医生赶到后，对小男孩进行了全面检查，然后告知罗忠毅说：“罗首长，我已经仔细检查过了，小孩子的身体已经痊愈，没有留下后遗症。”罗忠毅听完，一边感谢，一边让警卫员将唐医生送回县城。

此后几天，老孙每次都带着自家养的老母鸡去罗忠毅的住处，希望罗忠毅能够收下，以表达他们的感激之情。罗忠毅每次都握着老孙的手说：“老孙，我们共产党的军队就是人民的子弟兵，百姓就是我们的家人，帮助百姓就是帮助自己的家人，你说家人跟家人之间还需要这么见外吗？再说，我们军队有铁的纪律，就是不能拿百姓一分一毫，更何况是你拿来的老母鸡呢，我要是收下啦，就犯了错误，你的好意我心领了，东西是绝对不能收的。”

无论老孙怎么劝说，罗忠毅始终婉言谢绝。

后来周围的百姓知道这件事情后，都说新四军是人民的子弟兵，罗司令员是人民的贴心人。

佳偶天成

罗忠毅自少年投军以来，少有闲暇，几乎都生活在枪林弹雨之中，终身大事始终未能解决。有热心的同志想给他撮合对象，罗忠毅总以革命事业为重而婉言谢绝。

但缘分就是这么奇妙，在他率领新四军第 2 支队在苏南发展时，遇见了他一生的挚爱，这个人就是柳肇珍。说起两人的相识，陈毅同志在无形中起到了撮合作用。

当时为了执行党中央“向江北发展的指示”，陈毅派罗忠毅去丹北，为江南部队主力渡江北上做准备。当时，日伪军正在制订剿灭江南新四军的作战计划，为了防止新四军可能渡江北上，日伪军在长江沿线进行了严密的封锁。要渡江北上，就一定要摸清楚日军的沿线部署及巡江规律。因此，就必须派人进入日伪军严密控制下的镇江城里，设法探得敌人内部的部署。罗忠毅心想：派谁去好呢？一般的人，不够机动灵活，恐怕无法取得有价值的情报。只机动灵活，而意志不够坚定之人，一旦发生意外情况，暴露了我军意图，那更是不得了。罗忠毅筛选了很多人选，但思来想去后又都被自己一一否决了。

正在进退维谷之际，一个嘹亮的女声响起："我去！"罗忠毅朝声音响起的方向看去。当地的干部赶紧告诉罗忠毅："这是在我们丹北负责妇抗会工作的柳肇珍同志。"

罗忠毅认真看了她一眼，没有讲话。

"我是在镇江长大的，又是女性，容易混进城去，也容易使敌人放松警惕而取得情报！"柳肇珍赶紧讲明理由。

罗忠毅"嗯"了一声，还是不表态。

柳肇珍一急："我是共产党员，为党、为人民，砍头掉脑袋的事情，我都愿意干，请首长放心，我一定能完成这项任务。"

旁边的同志也说：“首长，您别看小柳今年才20岁，她社会经验还是很丰富的，之前就干过抗日救亡宣传工作、参加过无锡抗日青年流亡服务团、江西青年服务团，在溧阳、溧水一带也做过抗日民运工作，还任职中共扬中工委宣传部部长，应该说是个不错的任务人选。”

罗忠毅听完后，仔细打量了主动请战的柳肇珍一眼，觉得她经验是很丰富，但有点太年轻了，担心她不能完成这么重要的任务。想到这儿，罗忠毅觉得还是得慎重行事。

可在柳肇珍的再三请求下，罗忠毅决定将其作为备选人之一，跟其他备选人一起进行讨论，以确定最终人选。

经过会议的详细讨论，大家一致认为柳肇珍是最适合人选。临行前，罗忠毅嘱托：“柳肇珍同志，此行责任重大，一定要小心。”柳肇珍点了点头，两眼露出坚毅的目光。在同伴的帮助下，柳肇珍装扮成当地妇女，拿着“良民证”，混在当地百姓中进了镇江城。进城后，按照组织要求和隐藏于敌人内部的情报员接上了头，顺利完成任务。罗忠毅很高兴，对身边的干部：“真是难为这个女同志了！”两人就这样认识了。

此后两人有了些来往，相互都有好感，可谁也没有点破。

没多久，陈毅司令员就要率军过江了，罗忠毅就领着柳肇珍等同志送行。陈老总似乎早有所闻，所以一看到柳肇珍就握着她的手，笑着说：“你们坚持丹北斗争有功啊，你们妇抗会做了许多好事啊，我们现在能够顺利渡江，真得谢谢你们哩！”说完，又看了罗忠毅一眼，笑眯眯地打趣道：“你俩并肩战斗，应是一对鸳鸯。好，很好。”

陈毅故意点破，使得本来对罗忠毅就有好感的柳肇珍羞得头也不敢抬起来了，罗忠毅也是看着柳肇珍一脸憨笑。

送走陈毅司令员的第二天，丹阳新四军驻地遭到日军突袭。罗忠毅处险不惊，立即组织部队有序撤退，在撤退中，敌人疯狂开枪，只见子弹在罗忠毅身边“嗖嗖”地飞过。警卫员急了，拉着他就跑了，敌人在后面紧追不舍，紧急关头，响起了一声尖嗓门：“警卫员，我和你一起掩护首长！”

罗忠毅一看，竟然是柳肇珍！他心里面非常着急：“柳肇珍同志，你怎么还在这里？！这不是胡闹吗？！你赶紧随大部队撤退，这里我来断后。”

柳肇珍一面对敌射击，一面回答：“首长，不要管我，您的安危事关部队的安危，我来给您掩护，您快走，快，快！”

罗忠毅脱险后非常担心柳肇珍的安危，派出警卫员在周围搜寻，不一会儿，柳肇珍就跟着几个战士出现在罗忠毅的面前。原来柳肇珍依仗熟悉驻地村庄的地形地貌，带领战士东绕西绕，突出了日军的包围圈，顺利归队。罗忠毅又气又急：“柳肇珍同志，你以后要服从军令，不能如此自作主张，将自身置于险境。”柳肇珍委屈地回答：“是，首长。”

经过此事，罗忠毅觉得柳肇珍就是自己的理想伴侣，于是鼓起勇气向柳肇珍求婚。而之前，柳肇珍就从很多同志处了解到罗忠毅是新四军的一员虎将，打过很多硬仗、啃过很多硬骨头，尤其是他对战士十分关心，处处体现一名革命军人的责任和担当。柳肇珍内心深处也是崇拜不已，再加上工作上的关系，两人接触也较为频繁，柳肇珍早被罗忠毅宽容大度的个人魅力吸引，虽然是新时代的女性，毕竟是女孩子，使得柳肇珍不敢向罗忠毅表白。

不想，罗忠毅主动向她表白，一时之间，柳肇珍有些失神。她觉得罗忠毅是首长，害怕自己跟他不般配，便羞答答地说："我们彼此了解不多。"

罗忠毅一看，急切地说："你对我不了解没关系，我现在就把我的一切都讲给你听。"说着，就把自己之前的经历如倒豆子般告诉柳肇珍。柳肇珍看着罗忠毅真诚的眼神说："你不要再说了，我答应你。"

1940 年 10 月 16 日，罗忠毅和柳肇珍举行了简单的婚礼，正式结为夫妻。从此患难与共，共同投入到打击日伪军的战斗中。

坚持民主树榜样

1940 年，对于罗忠毅来讲是非常忙碌的一年。无论是组建新的领导机构、政治部机关，还是组建、改编新的作战部队，罗忠毅都参与领导和筹划。在这些重大工作中，罗忠毅从不以个人意志为主，而是鼓励大伙群策群力，争取将工作完成好。

不过，罗忠毅内心清楚，由于自己担任主要领导岗位，下面办事的同志因碍于情面，可能存在将自己提出的不符合事实或者错误的指示，不加批驳予以执行的情况。因此，罗忠毅特别提倡工作时一定要发扬民主、走群众路线、集中群众的智慧，杜绝个人狭隘主义对党、对新四军建设工作的损害。

为此，罗忠毅在百忙之余，经常去政治部等机关行政部门，向工作的同志宣传民主作风对于工作的重要性。这其中去的最多的是组织科，作为部队的重要行政部门，罗忠毅很重视组织工作能否发挥民主典范，因此，在溧阳塘马、戴巷驻扎期间，他常常将组织科工作人员召集起来，集中讲授民主作风对于党和军队工作的重要性。

有次，罗忠毅忙完手中的工作后，又一次来到了组织科。科长王直一见罗忠毅，赶紧握手道:

“首长，您上次给我们讲在工作中发挥民主的例子和方法，对我们科室人员有很大的启发作用，现在大家都自觉地在工作中运用您提到的方法。这次您来我们组织科，就再给我们上一节民主作风的课，让大家再学习学习，再讨论讨论。”

罗忠毅听完后，笑着说：“老王，这次过来，就是想再给大家讲讲民主作风的重要性，这次以我的亲身经历为例，让大家更能直观感受到坚持民主作风的重要性。你现在就把大家召集到一起，我准备一下就开始讲。”

“首长，您要用自身经历来讲述的话，会不会影响不好，毕竟您是司令员啊。”王直为难地说道。

“老王，我之所以以自身为例就是想让大家知道‘一言堂’对工作的危害性，鼓励大家在工作中继续坚持和发扬民主。因此，越是首长做自我剖析，越是能起到激励同志的作用。”罗忠毅语气坚定地说道。

王直见劝不动罗忠毅，于是赶紧回去召集科室人员，组织科的同志知道罗忠毅又要来给他们授课，内心十分激动。因为罗忠毅为人随和，讲话条理清晰，特别具有启发性，科室的同志们特别喜欢听罗忠毅授课。因此，他们很快就集合完毕，准备听课。

一会儿，罗忠毅就面带微笑地进屋了，他环顾了一下四周，说：“同志们的热情很高嘛，是不是你们科长王直给你们透漏我要以自身为例来讲述民主作风对于工作的重要性？”

下面的同志一听，说：“首长，我们科长什么都没有透露，我们就是喜欢听您授课，所以科长通知完，我们就都来了。”

罗忠毅拿着搪瓷杯，喝了一口热水道：“那好，我现在就给大家先讲一件自己经历的事情。那是1935年年初，为了摆脱国民党的‘围剿’，我们决定向上杭、永定、大埔转移，在穿越龙长公路时，有民团告发了我们部队的行踪，当时我跟方方、吴胜、谢育才都向分区司令员朱森建议占领龙长公路两侧的制高点，避免被国民党打伏击。但朱森就是喜欢搞‘一言堂’，他仗着过去的一点军事经验，认为这大冷天的，敌人怎么可能大老远地从龙岩县城出动来伏击我们，因此就否决了方方等人的建议。当时我刚想反驳，朱森就赶紧把我支回明光独立营了。谢育才、吴胜为了顾全大局，内心虽然十分恼火，但也勉强遵从朱森的指令。我一看，如果再据理力争，就可能造成领导层分裂，我就没有争辩下去，返回明光独立团。结果呢，敌军果然从大池、小池两个方向朝龙长公路扑来，因部队没有占领附近的制高点，我带领的明光独立营和9团的伙夫班被敌人困在龙长公路。最后，我费尽周折才将部队带出敌人的包围圈，一清点队伍，损失了200多人。不久，朱森投敌叛变了。同志们，这可是血的教训。当初，如果我们坚持集体的正确决定，对司令员朱森的'一言堂'进行坚决抵制，那些同志的牺牲是可以避免的。这就是为什么我们工作中要强调民主作风，集中群众智慧的原因所在。"

科里的很多同志，没有经历过那一段艰苦岁月，他们听完罗忠毅的讲述都陷入了沉思，这时候他们才慢慢意识到不坚持民主作风可能带来的严重后果。

有一位同志站起来说："首长，您讲得太好

了，我们现在真正认识到在工作中坚持民主的重要性，以前您虽然也给我们讲过很多事例，但都没有您今天讲的这个给我们的冲击那么大，我们下去后，会好好思考如何进一步在工作中发扬民主。”

罗忠毅平复了一会儿情绪，说：“那好，我再给大家讲一个最近发生在我身上的事情，请大家引以为鉴。”

正在热情谈论的同志赶紧结束相关话题，继续听罗忠毅讲述。

“同志们，咱们机关的杨龙同志，很多人应该都知道。有一次，有位同志向我报告说杨龙同志在工作中违反政策，给党的工作造成不好的影响。我因事务繁忙，既没有找杨龙同志谈话，也没有下去做实地调查，就偏听偏信地处罚了杨龙同志。后来，有别的同志过来给我反映这件事，说处理杨龙同志是错误的。我听完后，当天晚上就找到杨龙同志进行了一番深谈，才发现杨龙同志并没有违反政策，我确实处罚错了。”

“首长，那您发现自己的错误后是怎么办的呢？”有位同志问道。

罗忠毅严肃道："我当场就向杨龙同志赔礼道歉，并主动在第二天下午的党员生活会上作了严肃的自我批评。我还以此事为例，向参加生活会的同志强调，在工作中一定要发扬民主作风，不能偏听偏信，否则就会犯错误。"

另一位同志问道："首长，您不怕这样会损害您的威信吗？"

"我作自我批评，是按我们党的纪律办事，对党是有利的，我司令员的威信不是低了，而是高了。我们党的作风就是实事求是，对的就坚持，错的就改正，我希望大家都要这样做。"罗忠毅掷地有声地答道。

屋里面响起热烈的掌声，同志们没有想到，首长居然会当众承认错误并作检讨，这对大家的思想冲击很大。散会后，同志们还在三三两两地热烈讨论。

此时，罗忠毅看了一眼还未离开的王直说："老王，希望这次我的现身说教，能够让大家真正认识到发扬民主作风的意义所在。"

"首长为我们树立了民主的榜样，这次课的效果特别好，我相信这些同志肯定不会辜负您的期望。”王直坚定地回答。

“那就好，那就好。”罗忠毅说完，就走回了自己的住处。

此后，组织科的同志果然没有辜负罗忠毅的期望，他们在工作中坚持发扬民主，群策群力解决工作中的难题，为党和新四军第2支队在苏南敌后的发展作出了自己的贡献。

05

英雄喋血塘马村

西施塘遇袭

1941年年初，新四军在苏南地区取得了较大的发展，无论是武装人员数量还是政治影响力，都引起了社会各方面的关注。新四军成为日军头号心腹大患，日军必欲除之而后快。为此，日军大本营不断集结兵力，准备对新四军活动的茅山、丹阳、金坛、溧阳地区展开大规模的“扫荡”，意图一举荡平苏南地区的新四军武装力量。

在日军积极备战之时，新四军安插在伪军中的情报员，将日伪军不期就将进攻茅山等地新四军的情报，传递给新四军情报人员。为了保存实力，积蓄力量，罗忠毅遵照苏皖区党委的决定，准备率领第 2 支队司令部及第 4 团主力转移到太滆地区，以避日军锋芒。

2 月 13 日，罗忠毅率领部队秘密穿越长滆地区，渡过滆湖，来到宜兴和桥地区的王母村，与先期到达的廖海涛政委会合。几天后，第 2 支队机关的报社、电台、文工队、服务团也移驻离王母村约 5 里的西施塘村。

罗忠毅与廖海涛一见面，就开始商讨如何开辟太湖根据地等事务，在讨论的过程中，罗忠毅将自己的担心告诉了廖海涛，他说："老廖，从我率部自茅山转移到王母村的过程看，日军加强了对咱们新四军的侦察，他们各个据点不断派人出去到各村打探咱们的踪迹，估计是快要对咱们动手了，现在旅部、第 4 团主力和服务机关都集中在王母村和西塘村周围，人多地窄，四周也无险可守，万一日军偷袭，那是要出大事的。"

"老罗，我这几天也担心得很，看来有必要把人员分散开，以避免可能遭受的损失。"廖海涛说。

罗忠毅说："事不宜迟，咱们这几天就赶紧确定转移地点及路线，免得迟则生变。还有，我觉得这几天要让战士们加强戒备，以免为日军所袭。"

廖海涛点点头，说："老罗，就按你说的办。"

不承想，日军早已通过侦察发现了驻地在西施塘村的新四军第2支队司令部及其附属人员。为此，日军秘密集结周围部队，准备采用三面围攻之术进攻西施塘村。21日，日军躲过新四军情报人员的侦察，趁着夜色偷偷向西施塘村袭来。

22日凌晨4时，3路日军到达集结地点，准备发动偷袭。上午7时，我军刚吃完早饭，准备进行军事训练，日军指挥官发出了行动指令，一路日军从归美桥方向直接向西施塘村猛扑过来，附近警戒的哨兵赶紧鸣枪示警。与此同时，和桥方向也窜过来一路日军，已抵进西施塘村西南约300米的大元地，并占据四周高地，架起了多挺机关枪，控制住村子西南退路。另一路日军过栋树港，偷偷地向西施塘北边200多米的黄渎港河堤下移动。日军完成对西施塘村的三面包围后，中路日军即照计划发起猛烈进攻，西施塘村一时间枪声大作。

当时第 2 支队的部队驻扎在王母村、官庄、双墩港及后湖渎桥一带，驻西施塘村的主要是第 2 支队后勤机关，基本上没有什么战斗力。如果救援不及时，后勤机关人员很可能被日军围歼。

罗忠毅一听到枪声，就赶紧从王母村的住处跑了出来，拿着望远镜向西施塘村方向望去。一看，果然是日军发动的突袭，罗忠毅内心一紧，前几日担心的事情还是来了，必须尽快把后勤机关人员从敌人的包围下转移出来。

经过多年战争洗礼的罗忠毅很快稳定心绪，在仔细观察日军的进攻阵型后，他赶紧跟廖海涛制定了解救方案。罗忠毅说：“老廖，形势紧急，你率领四团一部在谈家桥阻击进攻的日军，我率领特务连一个排从王母村南边进攻日军，以吸引日军火力。另外，让警卫员通知驻扎在官庄的四团主力速来支援。”廖海涛说：“好，就这么干。”

行动前，罗忠毅给警卫员小孙说：“你一会趁着我们吸引日军火力，赶紧穿过日军封锁线，到西施塘村里告诉王直，让他组织机关人员有序向西施塘村后转移，然后乘船沿小河入黄渎港，向滆湖撤退。”小孙说：“是，坚决完成命令。”

罗忠毅和廖海涛制定的策略起了作用，日军果然分兵向罗、廖所属部队开火，警卫员小孙趁机从日军进攻西施塘村的缝隙穿过，找到王直后，传达罗忠毅的指示。王直立刻组织机关人员向西施塘村的后方转移。

进攻西施塘村的日军利用高埂作掩护，突破了第 2 支队防线，占领了距离西施塘村仅 100 多米的钱家祠堂，并利用机枪、步枪和掷弹筒向新四军阵地扫射。廖海涛率部利用谈家桥头的有利地形，拼命阻击正向西施塘村大举推进的日军。罗忠毅率领的另一路部队，也猛烈向日军开火。在第 2 支队指战员顽强抗击下，部队暂时压制住了日军火力。王直看准时机，迅速率人员及物资登上停放在西施塘村后的小船。

在机关人员的配合下，西施塘村的船夫奋力撑船，朝东向黄渎港前进。刚到钱家浜口，埋伏在黄渎港对岸牛头坟的日军就用机枪、掷弹筒猛烈扫射新四军船只，罗忠毅的妻子柳肇珍不幸中弹牺牲。由于河口被日军封锁，王直按照罗忠毅的叮嘱，率领机关人员赶紧登岸向北往滆湖边突围转移。

进攻西施塘村的日军，眼看第2支队机关人员大部要突出包围圈，一时恼羞成怒，集中火力猛烈扫射正在谈家桥执行阻挡任务的廖海涛部。廖海涛因兵力有限，赶紧率部退出西施塘村，跟撤到北边沙梁下边的机关人员会合。

此时，罗忠毅率领特务连战士乘船渡过几条河浜，抄近路增援西施塘村，而驻扎在官庄的第4团主力也按照罗忠毅的指令，兵分两路向日军两翼扑去。

罗忠毅指挥特务连，向进攻湖边沙梁的日军猛烈开火，接着利用河埂圩堤作为掩护，向西施塘村的日军进逼。位于两翼的部队也向驻守在大元地及牛头坟的日军发动进攻。廖海涛趁机向谈家桥方向的日军开火，日军在新四军三面围攻下，损失不小。日军眼看大势已去，怕有更大的损失，不得不登上停在运河上的3艘汽艇，往常州方向撤退。而驻在牛头坟一线的日军见势不妙，也赶紧从旱路过栋树港向漕桥方向逃窜，驻大元地的日军也赶紧

回撤和桥。罗忠毅迅即率部追击，又消灭了一部分日军后，返回西施塘村。

此次突袭战，由于罗忠毅指挥得当，打死日军数十名，打伤多人，粉碎了日军的进攻意图，使得第 2 支队司令部及其附属人员转危为安。当罗忠毅检查伤员情况时，才从王直口中得到爱妻柳肇珍因掩护战地服务团转移而不幸牺牲的消息，罗忠毅如遭电击，手不受控制地在颤抖，眼前浮现的都是柳肇珍的一颦一笑，可他知道日军遭受打击，必然反扑，当务之急是赶紧把人员及装备从西施塘村转移到安全之地。他强忍着丧妻之痛，对王直说："老伙计，我就不送小柳了，请你把她就地安葬了吧。"说完，罗忠毅就率领大部队从西施塘村撤退了。

雪堰桥之战

西施塘村战斗后，日军继续在太滆地区"扫荡"新四军第 2 支队，目的是将第 2 支队赶回茅山根据地，以便日军能够集中兵力将苏南新四军武装一举围歼在茅山地区。

太滆地区因物产丰富、经济发达，是日军眼中重要的物资补给基地。自 1937 年 11 月日军占领太滆地区，就派出重兵驻守在各城镇和交通要道，武进、宜兴、无锡三县就驻有日军 3 个大队。大队下面各中队分别进驻当地重要村落，并以重要村落为据点修筑碉堡，辐射周边小村落，再加上水路巡逻，日军在太滆地区构筑了一层防御严密的大网。

由于日军据点林立，我军部队行踪极易被日军发现，进而遭到日军频繁的“清剿”。罗忠毅在西施塘村战斗后，率领第 2 支队部在宜兴周围的三墩港、闸口、芳桥、周铁桥、南宅等几个村庄轮流穿插宿营，以躲避日军的“扫荡”。

1941 年 2 月上旬，驻宜兴城日军在大队长大泽大佐的率领下连续 5 个昼夜对罗忠毅所部进行追扰。罗忠毅利用宜兴复杂的水陆环境，率领部队跟日军玩起了捉迷藏。一天上午，罗忠毅率领部队转移到离宜兴 10 余里的屺山一带宿营。刚把部队安顿好，罗忠毅马上去找廖海涛商量。罗忠毅忧心忡忡地说：“日军最近追击咱们很凶，根本不给部队喘息的机会，这样下去很危险。”

“是的，这段时间在日军的追击下，我感觉到战士们虽然斗志很高，但身体也透着一丝疲惫，长久下去对我军很不利。”廖海涛说道。

罗忠毅说：“我也有同感，咱们来太滆地区也有一段时间了。日军如此频繁地袭扰，使得部队建设根本无法进行，很多入伍的新战士，根本没有时间接受正规的军事训练，只能趁隙教他们一点最基础的射击技巧。日军进攻时我方战士也缺少有效的战术配合，这些都需要时间来整训才行。”

廖海涛点头，说：“没错，部队确实需要时间整训来解决自身问题，而且我担心咱们如果只在宜兴地区跟日军兜圈子，迟迟不能打通与东路谭震林部的联系，那么在日军封锁如此之严的情况下，咱们筹钱筹粮还有很大困难，不要说发展根据地了，就是部队生存都成问题。”

罗忠毅眉头紧锁，狠狠地吸了口烟，说：“这确实很棘手，咱们必须主动进攻日军，打通与东路谭震林部的联系。如此，才能东西呼应，扩大我部生存区域，使得日军想剿杀我部于宜兴地区的阴谋不能得逞。”说完，罗忠毅叫警卫员拿来地图，与廖海涛一起寻找日军防御的突破点。两人仔细观察地图后，互相看了一眼，一起将手指向了雪堰桥。

正在这个时候，在屺山四周警戒的战士赶紧向罗、廖两位首长报告，说在距屺山两里的村子里发现日军，看样子是冲着屺山方向的我军而来。

罗忠毅在和廖海涛分析敌情，研究对策时提议：“我们不如利用日军想在屺山消灭我军的企图，咱们将计就计，留一小部分兵力吸引日军，大部队兵分两路，一路直捣日伪军防御薄弱的武进南宅据点，逼日军回程救援。另一路趁机歼灭驻扎在武进与无锡交界处的雪堰桥据点，打通与东路谭震林部联系的障碍，彻底粉碎敌人长期奔袭的阴谋。”廖海涛表示同意，两人又就谁率部队牵制屺山日军、谁率部队袭击日伪军南宅据点等人选问题进行了商定。

待两人统一意见后，罗忠毅召开战前动员会，发布命令：“钟国楚率一小部分战士在屺山牵制日军，杨洪才率独立第 2 团奔袭南宅日伪军据点，我和廖海涛率领第 4 团主力部队直捣雪堰桥日伪军据点。”

天亮后，日军开始发起攻击。按照计划，钟国楚率部利用屺山的复杂地形，采取蘑菇战术，日军出击部队就还击，日军停止则部队亦停，尽量拖延日军。就这样，日军的几次冲锋都被钟国楚部打了回去。为了掩护主力部队迅速转移，钟国楚组织部队佯攻，摆出决一死战的样子，以迷惑日军。日军果然上当，中止了进攻，钟国楚趁机率部撤出前沿阵地，甩掉日军。

杨洪才、王香雄率领的独立第 2 团，此时也按照计划，赶到南宅日伪军据点，因日军调集部队“扫荡”新四军第 2 支队，当独立第 2 团到来时，南宅据点只有伪军据守，伪军头子王五大一看到新四军来攻据点，吓得六神无主，赶紧带领手下逃之夭夭，独立第2团不费吹灰之力就占领了南宅据点。

此时，罗忠毅、廖海涛率领的主力部队，经过急行军，也到达了雪堰桥。为防止据点的日军请求增援，罗忠毅立刻下令部队向据点日军发动进攻，日军一看新四军来攻，赶紧依靠周围的壕沟和碉堡组成火力网进行阻击。罗忠毅分出一部分兵力猛烈攻击龟缩在壕沟里防御的日军，一面组织敢死队，去炸掉敌人的碉堡。在罗忠毅的指挥下，敢死队队员突破日军的火力阻挡，将日军碉堡炸掉一半，碉堡里的机枪也哑火了。堑壕里的日军如同泄了气的皮球，顿时失去了斗志。新四军趁机加强攻势，仅一个多小时，就全歼守堡的一个日军中队。

这个时候，攻上屺山的日军发现找不到新四军的踪迹，才反应过来是中了新四军金蝉脱壳之计，立刻尾随追击，但为时已晚。为了防止被罗忠毅率领的第 2 支队在运动中吃掉，该股日军赶紧撤回常州据点，从此不敢轻举妄动。

雪堰桥据点被攻破后，日军阻止新四军东西两路联系的战略布局被打破。有了东路谭震林部的支援，罗忠毅率领的第 2 支队终于在太滆地区站稳了脚跟。

黄金山重振军威

1941年1月，国民党顽固派制造了震惊中外的皖南事变，江南新四军军部及部队损失7000余人。亲日投降派乘机疯狂向新四军苏南根据地发起进攻，日伪便衣特工队更是在新四军各根据地进行破坏和策反行动，妄图驱逐甚至消灭在江南地区的新四军力量，局势异常恶化。

此时，罗忠毅开始担任整编后新四军第6师参谋长兼第16旅旅长，他知道如果这种状况不改变，新四军无法在日伪顽三股势力的夹击下得以生存和发展，也无法完成中央要求发展江南抗日根据地的战略任务。

这段时间，罗忠毅几乎夜不能寐，每天都在思考如何率领部队打破被动局面，如何使群众恢复对新四军的支持。看来不打一个胜仗不足以鼓舞士气，不足以激励人心。罗忠毅心中慢慢形成了一个作战计划。

此时，新四军第 6 师师长谭震林正好也来到第 16 旅旅部。罗忠毅于是将心中所想的计划告知谭震林，谭震林道：“我这次到你们旅来也是带着使命的，现在日伪顽三方疯狂地剿杀我军，如果不给予他们以迎头痛击，我军以后就会很难在江南地区立住脚跟，更没有发展壮大的可能性。因此，我最近也在思考打一场胜仗，以改变局势。你认为咱们应该挑哪一方作为打击对象呢？”

罗忠毅提议：“谭师长，自皖南事变后，国民党顽固派非常疯狂，到处限制破坏我军活动，抓我地方工作人员，蚕食我江南根据地。我军指战员和百姓对他们恨之入骨，我部现活动的黄金山地区，与金坛、句容、溧水等县连接，地势起伏，易守难攻。黄金山后的横山岗、磨盘山又是通往我茅山根据地的必经之路。国民党顽军对这一区域垂涎已久，如果我没料错的话，估计要不了多久，国民党顽军就有可能进攻我们。所以，我觉得无论从鼓舞士气、激励民心的角度，还是为在苏南地区的发展考虑，首要打击目标应该是国民党顽军。”

谭震林微微颔首："你分析得很有道理，国民党顽军近期对我军的威胁甚于日伪军，要在苏南地区立足，就必须打击国民党顽军，所以，我同意你的看法。"

正在谭震林、罗忠毅等人进一步商议打击国民党顽军的军事部署时，国民党顽军派往黄金山地区执行谍报任务的情报人员被新四军抓获。当时，第46团第2营营长何永棉听到门外有小商贩叫卖的声音，便出门想买点东西。在与小商贩的接触中，该商贩有意无意探询第16旅的驻军情况，何永棉立即报告陈绍海教导员和团部锄奸股长赖峰。在他们的审查下，小商贩承认自己是国民党军谍报人员，任务是侦察新四军军情。陈绍海赶紧向谭、罗两位首长报告。罗忠毅判断："根据侦探的口供和各方面情报判断，国民党顽军可能最近会进攻第16旅驻地，咱们要做好充分的备战准备。"谭震林赶紧让参谋拿出地图，然后和罗忠毅商量敌人的兵力配置及可能的进攻方向，为即将到来的恶战做准备。

5月21日，驻扎在溧阳、宜兴、张渚地区的国民党军第 40 师和挺进队 3 个团，共 1000 余人，向第 16 旅旅部驻地黄金山地区扑来。旅部侦察员沈先、朱光华跑步回来向罗忠毅汇报：国民党第 40 师分两路向我进攻了，一路已进到阳山，另一路已到考村。罗忠毅一边把情况上报谭震林，一边通知各部队立即准备战斗。

下午两点，国民党军出动两个营的兵力，向第 16 旅驻地发起进攻，罗忠毅亲临前线指挥，他一面用望远镜观察敌进攻阵型，一面命令各级指战员充分利用地形地势的掩护，诱敌深入，然后集中火力打击敌人。在罗忠毅的指挥下，各级指战员奋勇杀敌，到黄昏时全歼敌一个连，击溃敌一个营，敌残部仓皇窜逃。

黄金山首战告捷后，谭、罗等人知道敌人不甘失败，肯定会卷土重来。为了取得更大的胜果，两人立刻召集各团指战员汇报白天作战的战况和经验教训。罗忠毅在会上说："同志们，今天虽然教训了敌人，但没有打痛他们，如果不把敌人打痛，他们是不会甘心的，46 团及其他部队，必须要选择有利地形，做好埋伏，以防备敌人的反攻。"

不出所料，5 月 22 日下午，不甘心失败的国民党军，出动了两个团的兵力，第二次向黄金山地区扑来。待进入第 16 旅的火力圈后，罗忠毅命令伏兵出击，经半天激战，歼敌 200 余人，俘虏 10 余人，缴获枪支 100 多条，国民党军残部向溧阳、南渡方向逃窜。

经过这一仗，国民党顽军内部的士气越来越低落，第 16 旅则越战越强，在苏南地区的政治影响也越来越大。当时溧阳的群众口口相传：新四军是战无不胜的铁军，国民党顽军是屡战屡败的“豆腐兵”。

罗忠毅高瞻远瞩，他估计国民党顽军不会善罢甘休，这两次战斗并没有完全消灭顽军主力部队，他们很可能会集中兵力再次来犯。

为了防备国民党顽军更大规模的进攻，罗忠毅与谭震林亲自到黄金山察看地形，召集营以上干部会议，精心研究作战计划，大家一致同意采取避实就虚、运动战中歼敌的策略作为战斗指导方针。罗忠毅决定将旅部及主力部队转移到黄金山山后，在山前多挖战壕、多扎稻草人，以迷惑国民党军来攻打，主力部队再从山后绕道围歼来犯之敌。

果不其然，国民党军不甘心失败，经过一天的拼凑，集结了3个团的兵力，于24日，在第40师师长李觉指挥下，调集十几门迫击炮狂轰第16旅防线，随后该师第118团立即向第16旅黄金山阵地发起总攻。由于罗忠毅部署得当，国民党军进展缓慢，下午3点多钟，才攻占黄金山前沿阵地。此时，罗忠毅命令躲避在后山阵地的第46团集中主力向敌背后攻打，以断敌后路。李觉看到新四军的反击后，立即向渚头方向败退。刚占领黄金山的国民党军看到支援部队向后跑，知道自己有被新四军围歼的风险，立刻从黄金山退缩逃窜。第46团主动出击全歼逃窜之敌。经过半天的激战，敌损失2000余人，溃不成军。罗忠毅指挥部队乘胜追击，又歼灭敌人两个营，一直把敌人赶到竹箦桥以南地区。

此战，在罗忠毅的领导下，部队一举收复溧水，恢复了茅山根据地，极大地鼓舞了部队士气，重振了军威，增强了苏南群众对新四军的信心，为新四军第16旅在苏南地区的立足奠定了基础，为

新四军及其党政机关在苏南地区的进一步发展创造了条件。

魂归塘马

1941年6月，苏德战争爆发，日本侵略者趁机发动旨在侵占东南亚的南进作战，其中消灭占领区内的中国军队，保证大后方安全及获取稳定物资来源，就成为日军的当务之急。这其中以消灭华中地区的新四军为重中之重。基于此，日军加快了“清乡”的频率，以便为开辟南进战场扫清障碍。

10月，罗忠毅率领新四军第6师第16旅旅部和党政机关转移至溧阳别桥镇塘马村活动。

第16旅活动的溧阳在南京东南方向，两者相距100多公里，是日伪政权统治的核心区域，也是日军“清乡”和“扫荡”的重点地域。而在溧阳周围县市还星罗棋布地驻扎着1万余人的国民党顽军。这些国民党顽军执行蒋介石的反共策略，不断制造摩擦，妄图消灭第16旅。整个大的战争环境对第16旅的生存和发展极为不利。

罗忠毅很清楚第16旅所面临的险境，日伪军频繁的“清乡”行动，使得第16旅人员损失很大，活动区域也被压缩在别桥镇一带，部队面临着被围歼的风险。到了11月，罗忠毅在不断进行的反“清乡”作战中，陆续收到有关日伪军军事行动的情报。这些情报显示日伪军正在调集兵力，企图进攻第16旅驻地。形势非常严峻，如何率领部队转危为安成为压在罗忠毅心头的一座大山。

11月27日上午，金坛城情报站送来了一份情报，情报很简略：“日军在金坛城增兵，又听闻薛埠的日军兵力也在增加，有南下的意图，攻击目标不明，请注意敌之动静，以防不测。”罗忠毅看着情报陷入了沉思，最近一段时间的担心看来有可能变成现实。

罗忠毅赶紧和旅政委廖海涛商议，廖海涛认为“这份情报较为简略，无法证明日军增兵就一定是进攻我部，不排除日军南下进攻国民党军的可能性。我们还是要审慎一点，不要中了日军的阴谋。”

罗忠毅说："从最近日军'清乡'的势头看，主要还是以消灭新四军为主，咱们部队最近只在塘马一带活动，人员过于集中，不排除日军已得知我方这一情报。如此，日军这次增兵南下有很大的可能是针对我们。当务之急是赶紧派人去侦察日军的动向。"廖海涛对此表示同意。

于是，罗忠毅派人去瓦屋山、天王寺、薛埠一带去查探日军的动静，同时又命令部队做好战斗准备。

晚上7点多，侦察员返回说："我们从当地情报站和百姓口中得知，日军在天王寺、薛埠等处都聚集了大量兵力，而且配备了坦克和大炮等武器。"

听完后，罗忠毅心想"日军集结如此多兵力，要是只进攻第16旅的话，有点小题大做，会不会是单独针对国民党军的一次军事行动呢？毕竟国民党在溧阳地区也有大量驻军，对日军也有较大威胁。抑或是日军想同时消灭这里的国民党军和我军呢？"

罗忠毅赶忙召集各部参谋前来开会，让大家各抒己见。游玉山参谋说："从情报来看，日军这次集结重兵，还配备如此多的重型武器所图非小，咱们新四军跟日军交手多次，日军很清楚咱们游击战术的灵活多变。按道理，这种层次的兵力集结和武器配备应该针对国民党军的可能性更大。”其他几个参谋也很同意游玉山的分析。

不知道为什么，可能是久经沙场的一种直觉，罗忠毅本能地认为日军南下进攻别桥镇塘马村的第16旅驻地可能性要大于进攻溧阳的国民党军队。可大家的意见也是很有道理的，罗忠毅颇为踌躇。

再三思考后，罗忠毅决定派出侦察员进一步侦察日军的动向，同时命令部队加强在塘马村周围交通要道的警戒，防范日军有可能的突然袭击。

11月28日凌晨，辗转难眠的罗忠毅走出房门，才发现外面起了大雾，伸手不见五指，罗忠毅的内心莫名地一紧，大雾天气特别适合部队展开偷袭活动，日军会不会借此机会偷袭我方部队呢？看来塘马村暂时是不能再待了，部队需要立即转移，可派出的侦察员还没有返回，村庄周围的警戒哨也没有动静，太安静了，安静得仿佛时间静止了一般。罗忠毅越想越不对劲，于是赶忙叫来通信兵：

“小王，你赶紧去告知村庄周围的警戒哨，务必保持警惕，如发现日军踪迹，赶紧回报。”

正说着话，村庄西北边响起了枪声，看来是有敌军进入哨兵的警戒范围。罗忠毅连忙从屋里拿出望远镜，朝枪声的方向望去，因雾气阻碍，西北边的战况还看不清楚，但从枪声的密集度判断，罗忠毅知道敌人这次兴师动众的目标就是他们。罗忠毅很清楚部队的情况，第 16 旅只有旅特务连、第 47 团第 2 营、第 46 团 9 连等部队驻扎在塘马村周围，而且各部战斗人员缺额较多，武器装备严重不足，旅部机关、被服厂、修械所、医疗队等行政机构也散布于塘马村四周。如果应对稍有差池，部队和党政机构就可能会遭受重大损失。

罗忠毅知道即将作出的每一个决定，都关乎部队和党政机关人员的性命安危。他拿起望远镜继续观察，可惜雾气太大，视力受阻严重，但通过枪声，他知道东北方向布防的战士也遭遇日军了。廖海涛政委也赶到罗忠毅身前，说：“老罗，情况不妙啊，咱们西北、东北方面都遭到日军的攻击，日军最擅长分进合击之术，搞不好他们有可能从西南方向直插塘马，以包抄我们后路，进而三面围歼咱们。”

罗忠毅：“老廖啊，你的分析是对的，我也是这么想的。咱们现在转移已经来不及了，现在只能从东南方向国民党军队的驻防处突围了，但是咱们力量有限，根本无法从东北、西北、西南三个方向同时顶住日军的进攻。当务之急是先把党政机关及伤员全部往东转移，以保存革命的火种，然后再另作他图。”

说到这儿，罗忠毅立刻喊来他的老战友王直说：“现在战局甚危，咱们这里聚集的1000多名党政机关人员需要立刻向东转移。我思来想去，觉得你最合适，这些同志是咱们新四军在苏南地区发展的火种，你务必保证这些同志的安全，我们会拼死阻击日军，给你们突围转移创造条件，你能完成这项任务吗？”王直看着罗忠毅饱含深意的眼神，顿时无语凝噎，然后起身立正，向罗忠毅敬了一个军礼，说：“坚决完成首长交代的任务。”

罗忠毅看着王直他们离开后，立刻和廖海涛商议抗敌之策。廖海涛：“敌人三面夹击，攻势凶猛，守怕是守不住，现在看来只能延迟敌人的进攻，伺机突围。”

罗忠毅频频点头：“老廖你说得很对，突围是我们唯一的选择，不过咱们现在的任务是掩护王直他们先行撤退，从敌人的火力配置看，咱们现有兵力恐怕很难抵挡日军进攻，但如果不跟日军硬碰硬，恐怕起不到掩护党政机关人员撤离的目的。所以，咱们必须尽最大的努力拖住日军，减少王直等人转移的风险。”

两人相视一眼，廖海涛说：“旅长，下命令吧。”罗忠毅立刻命令通信兵迅速告知各营连指战员，要坚决抵抗敌人，掩护机关转移，同时，要边打边退，压缩防御区域，为突围创造条件。

可是，在日军强大火力压制和骑兵冲击之下，第 16 旅外围防线都被攻破，日军已兵临塘马村外。罗忠毅不顾个人安危，立刻带着旅特务连，在塘马东边的王家庄竹林村一带，布置防线，准备迎击日军。罗忠毅告诉大家：“同志们，我们要沉着冷静，把敌人放近一点再开枪，这样才能取得好的效果。”敌人越来越近，扛着太阳旗的日军离第 16 旅部队防线只有 100 米了。战士们都紧张地注视着前方，等待罗忠毅的战斗命令，就在还剩 50 米距离时，罗忠毅挥手示意，发出开火的指令。

一时之间，枪声大作，特务连的战士们虽然击退了敌人数次进攻，但日军不断增兵，并调集大炮轰击特务连的防线，特务连战士伤亡惨重，政委廖海涛中弹牺牲。罗忠毅看到此情此景，眼中喷出怒火，他拿着机关枪就朝蜂拥而至的日军扫射。

不幸的是，就在此刻，敌人的一颗子弹从罗忠毅胸前穿过，时间仿佛在这一刻凝滞了，枪从他手中滑落，在倒地的瞬间，他的眼睛望向了塘马村的东边，似乎还在担心党政机关人员是否突围成功。

周围的战士们这才发现他们敬爱的罗忠毅首长中弹了，战士们扶着倒地的罗忠毅，拼命呼喊他的名字，罗忠毅努力睁眼看了扶他的战士一眼，就失去了知觉，一代将星就此陨落在苏南大地上。而他为之付出生命掩护的苏南党政机关人员，在王直的率领下，突出重围，胜利地转移到了溧水地区。

06 尾声

罗忠毅、廖海涛牺牲的消息传到溧水白马桥后，安全转移到此地的第 16 旅广大官兵和苏皖区党委机关工作人员哭成一片，随即召开了隆重的追悼大会。会场上悬挂着绘制的罗忠毅、廖海涛遗像，钟国楚、王直、王胜、乐时鸣等和第 16 旅的官兵哭成一团，肃穆庄严的气氛笼罩全场。每一个将士都觉得自己的心在滴血，他们仰天发誓要与日寇血战到底，为罗忠毅等在塘马战斗中牺牲的战友报仇。

罗忠毅等人牺牲的消息传到师部，谭震林失声痛哭。消息传回军部，新四军代军长陈毅、第 1 师师长粟裕悲痛欲绝。为表彰罗忠毅等同志，新四军军部很快给各师发去唁电："罗、廖两同志，为我党我军之优秀干部，为党为革命奋斗十余年，忠实、坚定、勇敢、负责、艰苦缔造苏南根据地，功绩卓著，罗、廖两同志壮烈牺牲，全军一致追悼，昭彰先烈。”

1942年9月，新四军第16旅独立2团召开“罗、廖两旅长暨独立2团阵亡将士追悼会”，高度评价罗忠毅的战斗业绩。

1942年11月28日，新任第16旅旅长钟楚国，苏皖区党委书记、第16旅政治委员江渭清，苏皖区党委副书记邓仲铭率领干部及部分战士再次来到塘马村，召开追悼大会。第16旅宣教科长乐时鸣撰写挽联，上联：“奋起赣闽边，宁暴中坚。江南抗日盛名传，痛悼双星同陨落，泪洒云天。”下联：“塘马血犹鲜，倏忽周年。寇顽夹击满狼烟，誓继二公歼敌志，祭慰先贤。”

新中国成立后，党和政府对罗忠毅墓进行了重修。1973年，江苏溧阳县革命委员会为罗忠毅墓撰写了碑文。碑文摘录如下：

罗忠毅同志是我军优秀的指挥员，是我党的好干部。罗忠毅同志在工作中一贯善于团结同志，坚持民主作风，遇事同群众商量，在原则问题上又能始终坚持党性，毫不妥协。罗忠毅同志有压倒一切敌人的英雄气概，在枪林弹雨中身先士卒，指挥若定。罗忠毅同志坚决执行毛主席的革命路线，在国共合作时，他坚持党的抗日民族统一战线的方针和政策，团结一切热爱祖国愿意抗日的各阶层人民共同抗战，增强了抗战的力量。

罗忠毅同志在残酷的战斗岁月里，在党和毛主席的培养教育下，经过激烈的阶级斗争风暴的锻炼，成为一个坚强的无产阶级革命战士、优秀的共产党员。

罗忠毅同志永垂不朽！

溧阳县革命委员会

一九七三年三月

20 世纪 80 年代初，溧阳人民把罗忠毅的遗骨从小余庄村口迁葬于笠帽山麓。1981 年 11 月，在罗忠毅牺牲 40 周年之际，中共江苏省委、江苏省人民政府在笠帽山麓兴建了烈士墓，定名为“溧阳西山烈士陵园”。广大军民为悼念罗忠毅等新四军英烈，送了数十副挽联，其中一副写道：

忠勇为国，毅然丈夫，一朝杀身成仁，气凛沙场寒敌胆。

海涯生波，涛振环宇，异月流芳百世，节届纪念慰忠魂。

1994年，罗忠毅长眠的溧阳西山烈士陵园被常州市列为爱国主义教育基地，成为党员入党、团员入团、少先队员入队和各界干部职工、学校师生接受爱国主义教育的场所，每逢重大节日和罗忠毅纪念日，前来瞻仰的人络绎不绝。

2009年，为纪念中华人民共和国成立60周年，中宣部等多家单位联合举办“100位为新中国成立作出突出贡献的英雄模范人物和100位新中国成立以来感动中国人物”评选活动，罗忠毅被评为“100位为新中国成立作出突出贡献的英雄模范人物”。

后　记

时光荏苒，转眼间罗忠毅已经离开80年了，但他的光辉事迹并未随时间的流逝而有所失色，反而历久弥坚。

他为人谦和，关心百姓，深受百姓的爱戴。他刻苦好学，善为人师，为我军培养出一批出色的指战员。他善于思考，精于谋划，是我党杰出的指挥员之一。他不求名利，善于协调，推动了党和军队事业的发展。他严于律己，坚持民主，起到了一名党员的模范带头作用。他冲锋在前，退却在后，展现了一名军人的铮铮铁骨。他高尚的人格、杰出的成就与天壤而同久，共三光而永光。

罗忠毅虽然没有看到中国革命胜利的这一天，但他为人民谋幸福、为民族谋独立、为国家谋太平的精神，却不断激励着后来者前仆后继、英勇奋斗。

在我们越来越接近实现中华民族伟大复兴的今天，他留下的精神财富更显弥足珍贵，更值得我们去传颂、去学习。唯如此才能告慰历史、告慰先烈。

本书编写过程中，得到军事科学院军队政治工作研究院领导和机关的大力支持，赵一平、康月田、张明金、李平、李博、陈政举等多位专家学者进行了审读，提出了宝贵的意见。

主要参考的书籍和资料有：《罗忠毅传》(刘志庆著/解放军出版社)，《100位为新中国成立作出突出贡献的英雄模范人物·罗忠毅》(刘志庆、王东炎著/吉林文史出版社)，《中国人民解放军战史》(第一卷)(军事科学院军事历史研究部编著/军事科学出版社)，《红军反"围剿"——回忆史料》(刘焕义等编/解放军出版社)，《南方三年游击战争——闽西游击区》(廖开助等编/解放军出版社)，《宣州烽火——新四军在宣州》(焦正达等编/合肥工业大学出版社)。

在此，谨向关心和帮助本书编写工作的各位领导、专家学者，以及上述书目作者、编辑致以最诚挚的谢意！

图书在版编目（CIP）数据

罗忠毅 / 军事科学院解放军党史军史研究中心编
. -- 北京：学习出版社，2022.11
（中华先烈人物故事汇）
ISBN 978-7-5147-1109-7

Ⅰ.①罗… Ⅱ.①军… Ⅲ.①罗忠毅（1907-1941）－生平事迹 Ⅳ.①K825.2

中国版本图书馆CIP数据核字（2021）第266815号

罗忠毅
LUO ZHONGYI
军事科学院解放军党史军史研究中心

责任编辑：李 岩 寿英孜　封面绘画：刘书移
技术编辑：贾 茹　内文插图：韩新维
美术编辑：杨 洪

出版发行：学习出版社
北京市东城区崇外大街11号新成文化大厦B座11层（100062）
010-66063020 010-66061634 010-66061646
网　　址：http://www.xuexiph.cn
经　　销：新华书店
印　　刷：北京市密东印刷有限公司

开　　本：787毫米×1092毫米 1/32
印　　张：5.25
字　　数：74千字
版次印次：2022年11月第1版 2022年11月第1次印刷

书　　号：ISBN 978-7-5147-1109-7
定　　价：20.00元